ENGAGÉ

LIEUTENANT NICOLAS BARTHE
avec la collaboration d'Alexandre Kauffmann

ENGAGÉ

BERNARD GRASSET
PARIS

Photo de couverture : © Olivier Roller.
Quatrième de couverture : © SIRPA Terre.

Crédits du cahier hors-texte :
Archives de l'auteur,
sauf page 3 (en haut et en bas) : © SIRPA Terre.

ISBN 978-2-246-78380-0

A tous ceux qui partagent le même idéal.

L'intelligence du cœur
doit conduire l'Homme.

André Barthe

Avertissement : cet ouvrage ne décrit pas tous les combats menés à Tagab par ma section, mais seulement ceux qui m'ont le plus marqué. Pour des raisons de sécurité, nous ne mentionnerons que le prénom des militaires engagés au sein du Groupement tactique interarmes (GTIA) de Kapisa, au nord-est de l'Afghanistan. De la même manière, le nom des insurgés a été modifié.

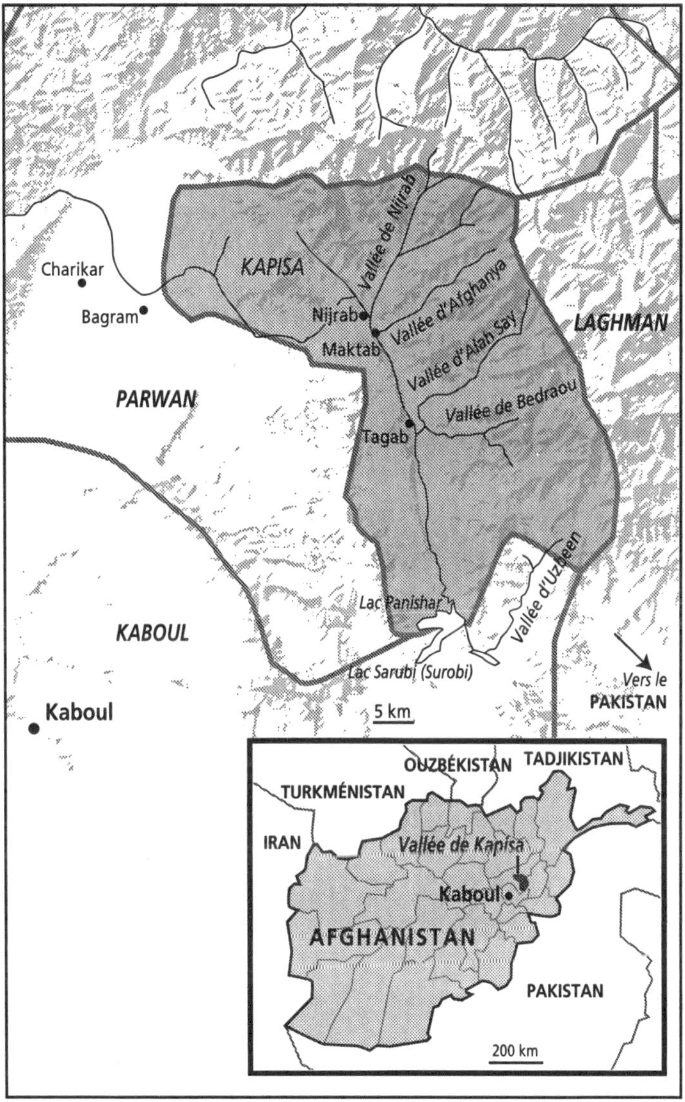

La vallée de Tagab en Kapisa, Afghanistan

Lettre à ma mère

Maman,

Je t'écris des vallées de Kapisa, en Afghanistan, où je suis arrivé il y a peu avec mon régiment. Je sais la peine que je t'ai causée en choisissant de m'engager dans l'armée. Après les missions du Kosovo et de la Guyane, je regrette de t'imposer à nouveau six mois d'attente, pendant lesquels tu dormiras mal et suivras avec anxiété les journaux télévisés. Je veux que tu saches que je suis le plus heureux des fils. J'ai une famille qui m'aime, des grands-parents qui m'ont chouchouté, des parents et une sœur qui me comblent d'affection. Papa et toi m'avez toujours montré le chemin à suivre. Lui en travaillant au service de notre belle ville de Nice. Toi en te dévouant pour tes élèves. Grâce à vous, j'ai grandi dans un monde où apprendre à connaître son prochain est un gage de paix.

Je me suis toujours épanoui en m'investissant pour la communauté. D'abord comme éducateur dans le domaine sportif, ensuite en participant à la vie universitaire niçoise. Papa et toi m'avez transmis le goût de l'action collective. A vingt-deux ans, peu avant l'obtention de mon master à Sciences-Po, je me suis trouvé à la croisée des chemins. Plusieurs options se présentaient, répondant chacune à leur manière à ma volonté d'engagement : l'armée, la fonction publique, les métiers de l'humanitaire... C'est finalement l'armée qui a emporté mon choix. J'ai trouvé dans le commandement des hommes une vérité, un lien unique qui répondaient à une aspiration intime. Confier sa vie à autrui est un pacte d'une rare intensité : cette confiance touche au fondement même des groupes humains. Au-delà de cette « révélation personnelle », quoi de plus beau que de promettre à ses proches une vie de liberté dans un monde en paix ? En Algérie, dans ta jeunesse, tu as connu les atrocités de la guerre. Je souhaitais en mon for intérieur que les personnes que j'aime ne subissent plus jamais ça.

Il ne suffit pas de vouloir être militaire pour le devenir. Il faut travailler durement et renoncer à bien des plaisirs. Aujourd'hui, l'uniforme que je porte m'éloigne de ma famille et de mes amis. J'ai bien conscience qu'il y a une part d'égoïsme dans cette décision. Mais les sacrifices consentis sont à la hauteur des responsabilités que l'on m'a confiées. Je sais que ce choix est une source inépuisable de douleur et d'incompréhension pour toi. J'espère que tu trouveras dans les pages qui suivent un semblant d'explication, et surtout l'assurance que je suis fier et heureux d'être « engagé ».

1

L'explosion

Juin 2010. L'opération HERMÈS TRACK a commencé ce matin à quatre heures. La section*[1] que je commande, Vert 3, est chargée de sécuriser le convoi approvisionnant la base de Tagab, où l'insurrection talibane bat son plein. Les routes, piégées par des engins explosifs, sont régulièrement exposées à des tirs de kalachnikovs et de roquettes. Déployés sur l'artère principale, nous escortons les sapeurs* légionnaires qui s'emploient à fouiller le sol avec leurs détecteurs de métaux. Une « reconnaissance génie » dans le jargon de l'armée. Des vallées en auge s'ouvrent devant nous. On se sent tout petit en Kapisa. Dans cette province du Nord-Est afghan, les crêtes de schiste s'élèvent à près de trois mille mètres. Les versants, amples et dénudés, tombent en pente raide

1. Les mots suivis d'un astérisque sont expliqués dans le glossaire en fin d'ouvrage.

sur des vergers de pruniers et d'amandiers. Plus loin, vers le nord, on devine les sommets de l'Hindou Kouch.

Les civils afghans qui circulent sur la voie nous remarquent à peine. Après trois décennies de conflits, les blindés, les fusils et les treillis n'ont plus rien d'exotique pour eux. Je salue les hommes que nous croisons. Quant aux femmes, qui se déplacent en *burqa*, il nous a été conseillé, en respect des valeurs pachtounes, de ne pas les regarder. Je prends peu à peu mes marques sur le théâtre afghan, encore tout nouveau pour ma section. Arrivés il y a quelques jours, nous remplirons un mandat de six mois sur la base de Tagab.

Les troupes françaises ont déjà perdu une dizaine de soldats dans la province. La menace talibane demeure toutefois virtuelle pour nous : jusqu'ici, Vert 3 n'a subi ni pertes ni accrochages. Nous avons bien conscience de la présence rampante du danger, mais en ce début de mandat l'humeur est plutôt à l'enthousiasme. Vigilants, mais sans inquiétudes. Mes chefs de groupe encadrent les légionnaires qui progressent vers le nord, de Tagab vers Nijrab. L'adjudant Magid – mon adjoint – en flanc-garde à main droite. Les équipes du sergent Nicolas sur la route principale, ouvrant et fermant l'itinéraire. Je me tiens au centre du dispositif avec les sapeurs. J'essaie de ne pas commettre d'impairs : les légionnaires obéissent à des règles de discipline bien particulières. Dans ce corps de l'armée, les officiers ne sont pas autorisés à tutoyer les sous-officiers. En tant que lieutenant, je prends donc soin de vouvoyer le sergent-chef Igor. Un Russe d'une trentaine d'années taillé en « V », le regard bleu métallisé. « Quand les Afghans me demandent ma nationalité, sourit-il, je préfère leur dire que je suis français. Depuis l'invasion soviétique, les Russes n'ont pas vraiment la cote. Je donne mon nom de légionnaire : Patrick. »

Ce matin, juste avant notre départ de la base, j'ai reçu un appel sur mon téléphone portable. C'était Maguelone, ma fiancée. Il était minuit en France. Elle se trouvait au beau milieu d'une fête et voulait me faire partager sa joie. Je me suis senti pris de court. Je ne lui ai pas dit que je partais en mission. C'est une règle à laquelle j'essaie de me tenir : ne pas donner de détails à mes proches sur les opérations. Entendant la musique en arrière-fond, j'ai mesuré l'ampleur du fossé qui séparait nos deux mondes : d'un côté, la légèreté d'une nuit d'été dans le sud de la France ; de l'autre, mes hommes harnachés de fusils Famas en partance pour les vallées de Kapisa. Après avoir raccroché, j'ai laissé le téléphone portable sur mon bureau : il est interdit de l'emporter en mission.

Le mercure monte en flèche, franchissant la barre des 40 °C. L'ombre se rétracte rapidement au pied des noyers. La chaleur est d'autant plus accablante que nos équipements sont lourds : le gilet pare-balles et le casque pèsent ensemble près de vingt kilos, auxquels il faut ajouter l'armement et les munitions. La poussière que soulèvent les véhicules, grise et brûlante, gerce nos lèvres. C'est l'été en Kapisa. Notre régiment d'infanterie de marine, habitué aux environnements caniculaires, a relevé depuis peu un bataillon de chasseurs alpins, plus adapté aux rigueurs de l'hiver. Leur mandat court de décembre à mai, le nôtre de juin à novembre : l'armée française compose de son mieux avec les fortes amplitudes des saisons afghanes.

Nous avons déjà reconnu deux *hotspots*, segments favorables à la pose d'explosifs. Les sapeurs de la Légion les inspectent avec prudence, progressant à pas comptés en plein découvert. Je garde un œil sur les groupes de l'adjudant Magid. Ils évoluent entre la route et les berges du *wadi**, où s'étendent des vergers touffus : la « zone verte ». Les insurgés* ont l'habitude de s'y poster. Dans cet univers minéral, c'est le seul masque de végétation. Un entrelacs d'arbres, de murets et de maisons en terre. Je me tiens sur le qui-vive, envisageant les réponses possibles en cas de prise à partie. Dans le métier des armes, on dit en plaisantant que le hasard est une faute professionnelle. La chance n'existe pas. Elle se réduit à une simple équation : le produit des circonstances multiplié par la préparation.

Au passage des *hotspots*, mon esprit est entièrement tourné vers le dispositif de la section. A toute vitesse, je passe en revue la position des trente marsouins* et des huit légionnaires placés sous mes ordres. Dans ces moments, le reste du monde s'abolit, il ne reste qu'une seule et même préoccupation : ramener tous mes hommes en vie au terme de la mission. On n'a pas le temps d'avoir peur au cours d'une opération. Les doutes et les questions surgissent à d'autres moments, lorsque je suis seul, au calme, à la base. Il m'arrive alors de m'interroger sur les raisons qui m'ont poussé à mettre entre parenthèses la vie heureuse que je menais en France pour me jeter dans ce nid de guêpes. C'est dans ces instants de relâchement que j'essaie de comprendre ce que je fais à la tête d'une section, dans l'une des vallées les plus dangereuses au monde.

A hauteur du village de Maktab, les hommes du génie abordent le troisième *hotspot*, plus vaste que les précédents : il exige environ deux heures de reconnaissance. Je demande l'avis du sergent-chef Igor sur la hauteur de la flanc-garde. Je connais déjà sa réponse, je veux simplement le mettre en confiance. Après une longue inspection, nous voilà presque à la fin du *hotspot*. Un message tombe sur les ondes. Le groupe de tête, emmené par le sergent Nicolas, signale la présence suspecte de plusieurs bidons sur la route principale. L'un de ses hommes, le caporal Valérian, a remarqué une grille mal scellée sur une buse. Il l'a retirée. Après avoir passé sa tête dans la canalisation, il a découvert des tonneaux en plastique calés par des pierres. Dans le langage militaire, ce genre de trouvaille a un nom précis : « suspicion IED* ». Les opérations étant sous commandement de l'OTAN*, la terminologie anglo-saxonne s'impose : *Improvised Explosive Device* (engins explosifs improvisés). Ces bombes artisanales sont la bête noire de la coalition. Elles sont responsables à elles seules d'environ deux tiers de ses pertes. Les militaires méprisent ces pièges artisanaux qui permettent de commettre un maximum de dégâts en prenant un minimum de risques. C'est l'« arme du lâche », qui tue indifféremment civils et soldats.

Sur le réseau radio, le sergent Nicolas est parfaitement calme. On dirait qu'il vient de découvrir une nouvelle variété de plante au bord de la route. Même si nous avons appris à gérer ce type de situation, sa sérénité m'impressionne. Je relaie l'information au commandement de ma compagnie*.

— Vert 3, suspicion IED Maktab.

— Vert 3, précisez renseignement, demande mon supérieur, le capitaine Laurent.

— Vert 3, en cours.

Nous interrompons le trafic sur l'axe principal. Des embouteillages se créent immédiatement derrière les barrages. Les véhicules – principalement des Toyota Corolla, modèle le plus répandu en Afghanistan – se serrent les uns contre les autres en klaxonnant.

Le sergent-chef Igor s'approche de la buse d'un pas égal, aux côtés de son chef de groupe, Saïd, un jeune Franco-Djiboutien. Je les accompagne avec mon opérateur radio. Un blindé pourvu d'un brouilleur électromagnétique nous suit. La pression s'accentue sur les bas-côtés de l'artère : les véhicules n'hésitent pas à s'engager dans le sable pour nous contourner. Je vois Igor s'enfoncer dans la canalisation. Il en ressort, toujours aussi calme, et lance avec son accent russe :

— Deux bidons, un cordeau détonant, un fil électrique et une boîte. Confirmation RC-IED.

RC pour *Remote Control* : un engin explosif que l'on peut déclencher à distance, avec un simple téléphone portable. Le *trigger** est quelque part, à une centaine de mètres. Il nous observe, tenant nos vies entre ses mains. S'il n'a pas encore déclenché la bombe, c'est qu'il préfère toucher un véhicule : une poignée d'hommes à pied n'est pas une prise assez intéressante. Nous reculons sans précipitation. Je rends compte de la situation à mon supérieur : il envoie immédiatement une équipe de démineurs spécialisés. Face à un IED, les sapeurs préfèrent essayer de neutraliser l'engin pour l'analyser plutôt que de le faire sauter. Une pratique qui apporte de précieuses informations sur sa confection, domaine dans lequel les insurgés font preuve d'une imagination sans limite.

Nous installons un itinéraire de contournement en bonne et due forme pour désengorger l'axe principal. La présence de cet IED est loin de représenter la seule menace. Un piège en annonce souvent un autre. Tous les hommes de ma section connaissent ce schéma tactique : un engin explosif est placé sur l'itinéraire d'une troupe pour l'immobiliser, permettant ainsi à l'ennemi d'ouvrir le feu dans des conditions favorables. Pour faire davantage de dégâts, des mines antipersonnel peuvent aussi piéger la voie qui contourne l'IED. Tous les ingrédients d'un mauvais scénario sont réunis. La section se prépare à un accrochage. A l'entraînement, on nous a initiés à ce type de menace. Une série de réflexes est censée nous aider à effacer la « définition du danger ». Seule différence : à présent, il ne s'agit plus d'une simulation. Nous sommes sur un théâtre réel, de nerfs et de sang chaud.

Les groupes de l'adjudant Magid évoluent entre le *wadi* et la route, sans aucun mur ou talus pour s'abriter. Je les vois creuser des trous de fortune. Troublante coïncidence, le cimetière de Maktab s'étend à quelques mètres seulement de leur position : des rangées de pierres fichées dans la terre. Trois pick-up en provenance de Nijrab déboulent soudain à toute vitesse. Des hommes de l'ANP*, la police nationale afghane. A hauteur du premier barrage, le sergent Nicolas leur fait signe de s'arrêter. Visiblement pressés, ils ignorent l'avertissement, s'engageant en trombe sur le terrain miné. Une énorme colonne de feu et de poussière s'élève du sol. Une détonation assourdissante se répercute sur les versants de la vallée. Des éclats de béton et de fer volent dans les airs. Le *trigger* a saisi l'occasion : les pick-up de l'ANP lui étaient offerts sur un plateau. Il les aura manqués à deux ou trois secondes près. Les policiers afghans n'ont été sauvés que par la vitesse de leur véhicule. Tous les hommes de ma section sont sains et saufs. Certains d'entre eux ont senti le souffle de la détonation dans leur dos. Sur le réseau radio Vert 3, mes chefs de groupe transmettent le même message : « RAS, rien à signaler. Pas de blessés. »

Un cratère de quatre mètres de diamètre perfore la route. « Il y avait au moins cinquante kilos d'explosif », dit Igor en toisant le trou. Comme les fumées de l'explosion ne se sont pas encore dissipées dans le ciel, les civils afghans se précipitent sur la buse pour récupérer quelques grilles tordues et des barres de fer. Ils emportent à la hâte ces débris dont le métal n'a même pas eu le temps de refroidir. J'ignore ce qu'ils ont l'intention d'en faire. Peut-être espèrent-ils les revendre. Nous sommes tous incrédules. Les Afghans, rompus aux misères de la guerre, se ruent sur l'« œil du cyclone », résolus à trouver une utilité au fond du chaos.

Les trois pick-up de l'ANP s'arrêtent à ma hauteur. Les policiers descendent de leur véhicule, pâles comme des Danois. Par l'intermédiaire de notre interprète afghan, je leur demande pourquoi ils n'ont pas emprunté l'itinéraire de contournement.

— On pensait que c'était juste pour la population, pas pour nous..., explique l'un d'eux, les lèvres blanches et le corps tremblant.

Ils sont encore sonnés par l'explosion.

— Une compagnie de l'armée nationale afghane est relevée aujourd'hui, poursuit un autre. Il y a du mouvement dans la vallée. C'est pour ça que les insurgés ont placé une si grosse charge sur la route.

Rouge 1, la section du lieutenant Thomas, dépêchée en QRF* (*Quick Reaction Force*), arrive sur les lieux pour nous permettre de poursuivre la reconnaissance en direction de Nijrab. Avant de partir, Igor me propose une cigarette. D'ordinaire non-fumeur, j'accepte en signe d'amitié : ce sera la première du mandat et je devine instinctivement que ce ne sera pas la dernière. Sans m'en apercevoir, j'ai tutoyé le sergent-chef. Il n'a pas relevé. Taquiner côte à côte cinquante kilogrammes d'explosif, ça crée des liens.

2

Vol bleu

Le temps passe vite mais les instants sont longs. Si les missions se succèdent à un rythme haletant, la présence continue du danger donne un poids particulier à chaque minute. Les opérations dans la fournaise des vallées peuvent durer plus de quarante-huit heures, sans compter de longues et minutieuses préparations. Nous ne sommes en Afghanistan que depuis deux semaines et la fatigue se fait déjà sentir. Les nuits de Tagab sont troublées par des « alertes CHICOM* », roquettes tirées par les insurgés depuis des rampes artisanales. Une sirène vrille le silence, nous réveillant en sursaut. Il faut alors gagner les abris au pas de charge. Nous restons tapis dans l'obscurité une heure, parfois plus, jusqu'à la fin de l'alerte. Dans ces moments, je dois surveiller mes hommes : certains d'entre eux, inconscients du danger, préfèrent discuter à l'air libre plutôt que de rester sous les chapes de béton, où règne une chaleur étouffante. Si les CHICOM tombent souvent hors de la base, l'ennemi marque tout de même des points : son meilleur allié est le manque de sommeil qui pèse sur nos troupes. Il amoindrit nos réflexes en opération.

Notre emploi du temps est changeant à Tagab, mais il est le plus souvent soumis à la même cadence ternaire : mission à l'extérieur ; intervention d'appui en urgence (*Quick Reaction Force*) ; garde de la base. Une fois par semaine, un « jour de repos » nous est octroyé. Il ne s'agit nullement d'un jour chômé. Nous le consacrons à des travaux au sein de la compagnie ou de la section : disposer des sacs de terre autour des baraquements, nettoyer les allées, entretenir le matériel. Ce « temps libre » me permet également de préparer la notation de mes hommes et de les recevoir pour parler de leur avenir. Les réels moments de détente, rares et courts, nous les passons à jouer aux cartes ou aux échecs, à lire et surtout à nous entretenir avec nos proches au téléphone ou dans la salle Internet.

Ce soir, juste avant la tombée de la nuit, je reçois un appel de ma mère. Voix inquiète. Tendresse nerveuse. Je grimpe sur les remparts de la base pour mieux capter le signal du réseau afghan. Du haut des *bastion walls*, fortifications corsetées par un treillis de métal, on domine la zone verte et le village de Tagab. Ma mère a reçu les photos que je lui ai envoyées par e-mail. Quelques images d'un barbecue organisé avec les lieutenants de la 4e compagnie. Nous trinquons autour d'une table, le verre haut. Je n'apparais pas en uniforme. Encore moins en armes. Malgré ces précautions, elle a trouvé un sujet d'inquiétude.

— Qu'est-ce que tu t'es fait au doigt ? Tu t'es blessé ?

Je comprends aussitôt mon erreur : on aperçoit un pansement sur la main avec laquelle je trinque. Un bloc de schiste est tombé sur mon index en opération.

— Je me suis coincé le doigt sous une pierre.

Long soupir sur la ligne.

— Tu ne pourrais pas faire un peu attention ? Je t'ai mis au monde entier, tâche de rester comme je t'ai fait…

Ma mère a grandi à Oran, en Algérie, dans une famille pied-noire. A l'âge de dix ans, elle a connu la guerre et l'exil. Les morts, les sirènes, les privations. Au début des années 90, lorsque les pays de la coalition se sont engagés au Koweït, certaines rumeurs affirmaient que les missiles de Saddam Hussein pouvaient toucher le sud de la France. J'avais onze ans, nous habitions à Nice. Ma mère a immédiatement aménagé un abri dans la cave de notre maison, achetant tout un stock de boîtes de conserves. La télévision diffusait des reportages sur les militaires français dans le golfe Persique. Je me rappelle les images filmées de nuit. Les silhouettes vertes qui se déplaçaient furtivement. J'étais comme aspiré par l'écran. Je voulais les rejoindre, participer moi aussi à la sécurité de mon pays. Ce sont mes premiers souvenirs de l'armée française. Des hommes au milieu des sables, dans les ténèbres du Moyen-Orient.

Bien plus tard, à vingt-deux ans, lorsque j'ai annoncé à ma mère que je m'engageais dans l'armée, elle n'a pas caché ses doutes. Elle me connaît par cœur. Elle sait me parler. Ses mots sonnent encore comme des présages. A ses yeux, un militaire est avant tout fait pour risquer sa vie sur ordre dans des contrées lointaines. Elle m'a rappelé que le destin des forces armées était entre les mains des politiques. Ce sont eux qui décident des intérêts de la nation, par nature fluctuants. Les ennemis d'hier peuvent devenir les amis de demain. L'esprit de sacrifice est noble, certes, mais est-il utile ? Avec un master en économie à Sciences-Po, ne peut-on pas servir autrement ? Par exemple dans l'éducation ou le domaine social ? Ma mère est entrée dans la fonction publique comme institutrice ; elle est aujourd'hui professeur des universités à Nice. Elle a représenté la France sur de nombreux continents. Je me souviens encore de son arrivée à Mexico, où elle participait à une conférence sur la responsabilité sociale des entreprises : les officiels – y compris des militaires en uniforme – l'accueillaient comme un chef d'Etat. Elle n'ignore rien du don de soi et du dévouement à la collectivité. Mais son fils militaire, elle ne s'y ferait jamais.

Ma mère a toujours su que mon métier serait lié au commandement des hommes. Alors que je n'avais que sept ou huit ans, elle observait avec amusement mon attitude dans le jardin de Caucade, à Nice. Lorsque le désordre s'installait sur les aires de jeux, je rassemblais les enfants en rang par deux pour organiser leurs activités ! Cet « instinct de chef », ma mère pensait que je le mettrais à profit dans le monde de l'entreprise, comme manager. Elle ne s'était pas imaginé qu'il me conduirait aux portes de l'armée. Dans leur enfance, les filles se rêvent en princesses, les garçons en soldats. Ce n'était pas mon cas : je n'aimais pas particulièrement « jouer à la guerre ». Je voulais simplement commander, non pour jouir d'une quelconque autorité, mais pour mener mes camarades vers un but commun.

Toutes les mères souffrent de voir leur enfant rejoindre l'armée. La fierté que certaines d'entre elles peuvent éprouver pour l'uniforme s'efface devant les risques liés aux missions. Une rivalité naturelle, presque biologique, les oppose à l'institution militaire. Elles donnent vie à un fils ou à une fille qui, par le geste de l'engagement, se déclare prêt à sacrifier cette même vie pour son pays. L'armée met en péril – le plus légalement du monde – ce qu'elles ont créé. Comment ne se sentiraient-elles pas flouées ? Le corps dans lequel j'officie, le 21e régiment d'infanterie de marine (21e RIMa), est basé à Fréjus. Lors des cérémonies militaires, les familles font parfois de longs voyages pour venir nous voir. Je vais à leur rencontre. Les mères des hommes que je commande ont un regard sans équivoque, qui signifie : « Je vous le confie, mais ce choix est forcé. Ramenez-le vite à la maison. » La plupart des militaires essaient tant bien que mal de composer avec la peine de leur mère. Cette souffrance, que l'on garde toujours à l'esprit, oblige à bien peser le choix de son engagement.

Au fond de cette décision, si noble soit-elle, il y a toujours une part d'égoïsme. Pour assouvir sa volonté de servir, il faut accepter de se soustraire à ceux qui nous aiment. On ne les prive pas seulement de notre présence. On les expose à une attente anxieuse. Les absences sont longues et fréquentes. Le mandat afghan est ainsi précédé d'une période d'instruction qui s'étend sur six mois. On passe d'un camp d'entraînement à l'autre, aux quatre coins de la France. Entre chaque déplacement, il nous reste peu de temps pour voir nos proches. La plupart d'entre eux réprouvent secrètement – sans doute de manière moins radicale que les mères – notre engagement dans l'armée.

Mes amis d'enfance, tout comme mon père, respectent mon choix, mais à chaque retour de mission, ils aimeraient m'entendre dire : « Voilà, j'ai vécu une expérience extraordinaire, maintenant il est temps de passer à autre chose : je quitte l'armée... » Jusqu'ici, j'ai déçu leurs espérances.

Après avoir tenté de rassurer ma mère au téléphone, je rencontre l'adjudant Gérald devant le poste de commandement de ma compagnie. Il s'occupe de l'entretien des bâtiments dans le camp. C'est le bricoleur du régiment. Il construit à une vitesse déconcertante baraquements, tables, tours de garde... Au vu du temps et des matériaux dont il dispose, l'esthétique n'est pas sa priorité. Il améliore nos lieux de vie comme il peut, souvent avec les moyens du bord : la base de Tagab réunit près de huit cents personnes. Ce Vendômois d'une quarantaine d'années aime tricoter des discours sur le thème : « Aujourd'hui, tout fout le camp, les jeunes n'ont plus envie de bosser... » L'adjudant Gérald n'est pas vieux, mais il semble déjà appartenir à une autre époque. Ce soir, il me salue avec un enthousiasme inhabituel.

— Mon lieutenant, si vous avez un instant, je voudrais vous montrer quelque chose...

Il me conduit jusqu'à sa chambre.

— Regardez bien cette pièce, dit-il, les yeux brillants. Est-ce que vous voyez une cave quelque part ?

J'inspecte rapidement les lieux.

— A vrai dire, non.

— Eh bien, justement, si ! exulte l'adjudant.

Il fait glisser son bureau et soulève un carré de linoléum sous lequel se cache une trappe. Après l'avoir ouverte, il m'invite à le suivre. Je découvre une petite cave, parfaitement aménagée : un banc sur le côté, et quelques bouteilles de bordeaux nichées dans les murs.

— Je viens de la finir. Un travail de deux semaines. Je me suis levé chaque matin une heure plus tôt pour creuser. Et voilà... Ça sert aussi d'abri anti-CHICOM. Il y a un système d'aération : on peut rester ici aussi longtemps qu'on veut. Les bouteilles et les conserves ne manquent pas...

Il s'est visiblement donné beaucoup de mal pour construire cette cave. La fierté qu'il ressent a quelque chose de touchant.

— Bravo, lui dis-je. Voilà donc le lieu le plus secret de la FOB* !

L'adjudant se redresse.

— Mon lieutenant, je vous en prie, dites « base » plutôt que « FOB »... Vous savez que je suis un amoureux de la langue française. Pourquoi céder à ces anglicismes ?

A Tagab, aucun militaire n'utilise le mot « base » avec ses pairs. On parle de FOB (*Forward Operating Base*). De la même manière, un « accrochage » devient un TIC* (*Troops in Contact*), un « poste de commandement » un TOC* (*Tactical Operations Center*), ou encore une « force d'intervention rapide » une QRF (*Quick Reaction Force*). L'anglais fait office de lingua franca au sein des troupes multinationales engagées sous la bannière de l'OTAN. L'Organisation remet ainsi aux militaires passés sur le territoire afghan une médaille estampillée ISAF* (*International Security Assistance Force*), terme désignant son dispositif dans le pays.

En anglais comme en français, les militaires font un usage immodéré des acronymes. A tel point que les civils ont souvent le sentiment que nous parlons une langue étrangère. Un soldat est-il à la recherche de ses boules Quies, il s'entend répondre : « Tes BAB* sont dans le VAB*, à côté du LGI*. » Traduction :

« Tes bouchons anti-bruit sont dans le véhicule de l'avant blindé, à côté du lance-grenade individuel. » Ce goût pour les abréviations produit parfois d'étonnantes périphrases. Une simple ration devient ainsi une RCIR* : « Ration de combat individuelle réchauffable ». Un langage purement utilitaire, réduit à des majuscules. En dépit des apparences, on apprend vite à se repérer dans la « jungle des acronymes ».

J'attends que l'adjudant relève la trappe pour que nous puissions sortir. Ravi de me faire profiter de son œuvre, il prend tout son temps, devisant sur l'abus des anglicismes.

— De la même manière, je ne vois pas pourquoi on parlerait de *Combat Outpost*, ou COP*, quand on peut dire « poste de combat avancé »…

Les considérations linguistiques de l'adjudant Gérald sont interrompues par une voix : quelqu'un m'appelle en haut. Nous remontons à la surface. Je trouve le sergent Anthony devant la chambre de l'adjudant. Ce passionné de rugby et de foot originaire de la région avignonnaise est l'un de mes chefs de groupe. Jeune homme suractif, il trouve le temps de servir comme pompier volontaire dans le civil.

Le sergent Anthony s'investit sans compter dans son travail. Sa bonne humeur est contagieuse. C'est toujours le premier à chanter dans les repas de corps.

— J'ai entendu dire que le lieutenant Lorenzo voulait vous voir…, lance-t-il avec son inimitable accent du Sud.

Je me rends immédiatement au poste de commandement de mon unité. C'est dans ce baraquement en bois que l'on prépare les missions. Des cartes de la vallée de Tagab sont placardées sur les murs. Certaines d'entre elles sont légendées en cyrillique : si les Soviétiques ont mené une invasion désastreuse en Afghanistan, ils avaient une excellente connaissance topographique du terrain. Un drapeau de la compagnie est suspendu au plafond, frappé de la devise *In cauda venenum.* Le lieutenant Lorenzo me fait asseoir. J'ai une grande confiance en cet homme d'une quarantaine d'années que l'on surnomme « Lolo » ou « Mezza ». Officier adjoint de la compagnie, il se montre toujours humain avec les subordonnés. Lolo m'expose rapidement les faits : l'un des marchands afghans qui travaillent sur la base s'est aperçu qu'on lui avait subtilisé des cartes téléphoniques. Les caméras de surveillance laissent penser que l'auteur du vol appartient à ma section, plus précisément au groupe 32, celui du sergent Nicolas. A Tagab, les autorités militaires autorisent sous certaines conditions des commerçants afghans à tenir boutique dans l'enceinte du camp. Ils font l'objet d'une enquête minutieuse par la Direction de la protection et de la sécurité de la défense (DPSD), service de renseignements français.

« Le commerçant veut porter plainte, précise Lolo. S'il le fait, ce sera à la police afghane de régler l'affaire. Il faut que tu trouves qui a fait ça. » Je connais le marchand en question. Il s'appelle Marou. C'est un Tadjik chaleureux d'une vingtaine d'années. Son commerce est installé dans un simple container fret, au sud de la base. Il est capable de fournir à peu près n'importe quel produit aux militaires français : clefs USB, poulets, pashmina, cartouches de cigarettes... Depuis notre arrivée à Tagab, mes hommes se plaignent de ses téléphones portables : ils sont chers et fonctionnent mal.

Je fais réunir les marsouins du groupe 32. Conscient de la fatigue ambiante, je vais droit au but : « L'un d'entre vous a oublié de passer par la caisse chez le marchand afghan : je veux savoir qui c'est. » Le responsable se dénonce d'emblée, évitant à ses camarades une sanction. C'est le caporal Alexandre, sous mes ordres depuis trois ans. Un homme fiable et généreux, sur lequel on peut compter dans les situations difficiles. Il était aux côtés du caporal Valérian lors de la découverte de l'IED à Maktab. Il me remet les cartes téléphoniques. « Marou nous arnaque depuis le début, explique-t-il. J'ai juste voulu réparer cette escroquerie. J'ai eu tort. » Je sais que le caporal Alexandre n'est pas un voleur. Il a voulu se faire justice lui-même. L'affaire est sérieuse, mais il est encore temps d'arranger les choses avec le marchand afghan. Je me rends dans sa boutique avec le caporal, qui lui présente ses excuses. Marou les accepte, heureux de voir le problème se régler en moins d'une heure. Je me sens soulagé : la faute est réparée. Je m'empresse d'aller rendre compte de la situation à Lolo. Les choses sont allées plus vite que je ne pensais : le chef de corps est déjà au courant de l'affaire. Il a estimé qu'elle portait « atteinte à l'image de la France, dont les soldats doivent se montrer exemplaires ». Le caporal Alexandre prendra un « vol bleu », une mesure disciplinaire qui se traduit par un retour immédiat en France.

Un soldat de Fréjus sera prochainement dépêché pour le remplacer. C'est un coup dur pour la section, au sein de laquelle le caporal Alexandre est unanimement apprécié. Nous sommes tous déçus. Lui est abattu. Même le marchand afghan regrette que les choses soient allées aussi loin. Le caporal a été sanctionné pour cette faute grave, mais je sais d'ores et déjà que je ne lui tiendrai pas rigueur de cet écart une fois en France. Il a le droit à une seconde chance.

3

Heavy metal

Les chefs de section de la 4e compagnie se réunissent au poste de commandement pour un *rehearsal.* La préparation d'une mission est toujours divisée en trois étapes, qui se déclinent par ordre de précision : le *back brief* (présentation sommaire), le *mission brief** (réunion d'organisation) et le *rehearsal* (répétition). Demain, nous gagnerons à pied un site reculé de la zone verte : le village de Manokhel. Ce secteur de la vallée d'Alah Say est aux mains des « insurgés », terme désignant un ensemble hétéroclite : djihadistes internationaux ; talibans* et paysans afghans prenant les armes en échange de quelques dollars. Notre compagnie assurera la sécurité de la « section environnement opérationnel » (SEO*). Les hommes de cette unité ont prévu de rencontrer les responsables du village pour connaître leurs besoins en matière d'éducation, de santé, d'agriculture... Ils participent à une mission essentielle de l'OTAN : la reconstruction et le développement du pays. Les efforts de la coalition pour asseoir l'autorité de l'Etat afghan dépendent en grande partie du soutien de la population. Il s'agit de « gagner les cœurs et les esprits ». L'issue du conflit ne repose pas sur une victoire militaire : il n'y a plus de lignes de front ; l'ennemi, mêlé aux civils, est invisible. C'est une guerre contre-insurrectionnelle. Tous les stratèges, qu'ils soient afghans, américains ou français, s'accordent sur ce point : la volonté du peuple est indispensable pour venir à bout des talibans.

Le travail de la section environnement opérationnel, dirigée à Tagab par le commandant Pierre, représente en quelque sorte le fer de lance de nos opérations. Une anecdote, sans doute embellie par le bouche à oreille, illustre la complexité de ce type d'actions. Dans un village afghan, des hommes de la SEO entreprennent de bâtir un puits pour améliorer le quotidien des habitants. Quelques jours après sa construction, on s'aperçoit que des pierres ont été jetées au fond pour entraver son fonctionnement. La SEO répare le puits. Il est aussitôt rebouché dans la nuit. On retire à nouveau les pierres, mais cette fois-ci, au coucher du soleil, un membre de la SEO se cache près du puits pour percer le mystère. Dans l'obscurité, il aperçoit un groupe de femmes en *burqa* qui s'approche. Elles jettent une à une des pierres au fond du trou. L'homme se découvre. Il demande des explications. L'une des femmes prend la parole : « Avant que le puits soit construit, nous allions chercher de l'eau à la rivière, qui se trouve très loin d'ici. Nous avions du temps pour être entre nous, entre femmes, sans surveillance. C'est fini à présent : l'eau est à portée de main, au centre du village… » Pour éviter de commettre de tels impairs, les équipes du commandant Pierre tentent de décrypter au mieux l'univers culturel de la vallée, composée majoritairement de Pachtouns. Dans cette perspective, il est indispensable de connaître en détail le *pachtounwâli**, droit coutumier qui régit de manière extrêmement précise les usages de la vie quotidienne, en particulier l'honneur, l'hospitalité et la vengeance. Tout affront doit être lavé. Certains principes de ce code ancestral peuvent entrer en contradiction avec la charia, la loi islamique à laquelle se soumet pourtant l'immense majorité des Pachtouns.

Au cours du *rehearsal*, qui se déroule sous la houlette du capitaine Laurent, une mauvaise nouvelle tombe : à Manokhel, plusieurs responsables du village – appelés *malek** – ont fait savoir qu'ils ne souhaitaient pas rencontrer les équipes de la SEO. Les insurgés ont sans doute exercé des pressions sur eux ou sur leur famille. L'environnement s'annonce hostile. Et la mission difficile. D'autant que ce sera le premier engagement à pied dans la *green zone** pour ma section. A Tagab depuis un mois, nous n'avons pas encore subi d'accrochages sérieux. Des balles ont parfois sifflé autour de nous, mais leur origine était lointaine. Les deux autres chefs de section de ma compagnie, les lieutenants Louis-Marie et Jean, ont été pris à partie la semaine dernière. Je leur ai demandé ce qu'ils avaient ressenti. Tous deux m'ont confié avoir été « sérieusement échaudés ».

C'est un sentiment curieux : le chef d'une section de combat attend avec impatience l'épreuve du feu. Il a été formé pour ça. D'innombrables simulations l'ont préparé à ce moment de vérité. Comment va-t-il réagir ? Sera-t-il en possession de tous ses moyens ? J'imagine qu'un chirurgien attend sa première opération avec la même impatience. Il veut mettre en pratique ses connaissances, éprouver ses compétences.

Dans la salle du poste de commandement, un vidéoprojecteur fait apparaître sur un grand écran les détails du dispositif. Pour préparer les opérations, nous utilisons un logiciel de cartographie numérique capable d'intégrer des données GPS. Le déploiement de chaque section est tracé dans ses grandes lignes. Le *rehearsal* est l'ultime étape de la préparation des missions. Chaque élément présente l'action qu'il va mener. A partir du village de Tatarkhel, à l'entrée de la vallée d'Alah Say, Vert 3 sera chargée d'ouvrir l'itinéraire en direction de Manokhel. Il n'y a aucune route entre ces deux points. Nous devrons progresser à pied dans le labyrinthe de la zone verte. Je détaille mon parcours au capitaine Laurent. Commandant la 4e compagnie[1], cet officier est connu pour être un tacticien hors pair : dans ce registre, il arrive

1. Au sens propre, il commande en Afghanistan le SGTIA C. Pour faciliter la lecture, nous avons remplacé les SGTIA A, SGTIA B et SGTIA C par respectivement les 1re compagnie, 2e compagnie et 4e compagnie. Voir annexes pour davantage de précisions.

en tête de tous les classements. Travailleur acharné, il dispose toujours d'une longueur d'avance. Il n'en reste pas moins ouvert à nos suggestions. Autour de la table, chacun est libre d'intervenir pour améliorer le dispositif. « Avant d'ouvrir l'itinéraire, rappelle le capitaine Laurent, Vert 3 déposera les appuis sur les hauteurs. »

Les appuis en question – liaison aérienne et éléments d'observation – sont représentés par les lieutenants Mattieu et Romain. Ils n'appartiennent pas à notre régiment. J'ai appris à les connaître à Tagab. L'organisation des forces françaises peut sembler complexe pour les néophytes. Nous sommes tous réunis autour d'un Groupement tactique interarmes (GTIA*), spécialement créé pour agir dans la province de Kapisa. Mon régiment, le 21ᵉ RIMa, en forme la colonne vertébrale. On y adjoint d'autres éléments, apportant chacun une spécialité : génie, cavalerie, artillerie... Nous sommes ainsi amenés à travailler avec des militaires qui ont une « culture d'arme » différente de la nôtre. L'expérience vécue il y a quelques jours aux côtés d'Igor, sous-officier de Légion, en témoigne. D'un mandat à l'autre, le « GTIA Kapisa » est rebaptisé par l'officier qui en prend les rênes. Notre chef de corps, le colonel de Mesmay, a choisi le nom d'« Hermès ». En l'honneur de la ville de Fréjus, où des fouilles archéologiques ont exhumé un Hermès bicéphale en marbre blanc ; mais aussi en référence à la culture hellénique, qui s'est répandue en Kapisa après le passage d'Alexandre le Grand. Notre GTIA, tout comme celui de Subori – basé à quelques kilomètres au sud de Tagab –, est sous les ordres d'un général de brigade français. Le tout est chapeauté par le commandement de l'OTAN, assuré par les Américains.

Selon la terminologie officielle, la force otanienne ne mène pas une « guerre » en Afghanistan. Sa mission consiste à assister l'Etat afghan dans ses efforts de sécurisation, de développement et de gouvernance. C'est pourquoi les forces de la coalition n'opèrent jamais seules. Elles sont accompagnées en toute occasion d'un détachement de l'armée ou de la police afghane. La base de Tagab accueille ainsi un *kandak** – « bataillon » en dari* – de l'armée nationale afghane (ANA*). Nous vivons et combattons à leurs côtés. Ils occupent la partie sud du camp ; nous la partie nord. On est libres de circuler d'un côté comme de l'autre, où les atmosphères sont assez différentes, sans doute en raison de la culture propre à chaque armée. Si l'on excepte les militaires français spécifiquement chargés d'assurer la liaison avec les troupes afghanes, les relations quotidiennes entre le sud et le nord de la base sont peu nombreuses : chacun déjeune et dîne de son côté. Sans la présence permanente d'un interprète, il est difficile d'entretenir un dialogue. On utilise le langage des gestes, plus rarement l'anglais. En tant que chef de section, il m'arrive de relever des éléments du *kandak* sur le terrain : au-delà de la barrière linguistique, ces échanges suffisent à créer un lien fraternel.

Le *rehearsal* touche à sa fin. Les lieutenants restent assis un moment pour échanger quelques blagues. On se charrie sur le parcours respectif des uns et des autres. Louis-Marie, à la tête de la section Vert 1, incarne avec Mattieu la « voie royale » : ils sont diplômés de l'Ecole spéciale militaire de Saint-Cyr. Jean, qui commande la section Vert 4, est un ancien sous-officier qui a réussi le concours de l'Ecole militaire interarmes. Pour Lolo, c'est encore différent : il a obtenu son grade de lieutenant après avoir gravi tous les échelons du corps des sous-officiers, de sergent à major. Quant à Romain et moi, nous avons été recrutés dans l'armée à la fin de nos études en tant qu'OSC* : « officier sous contrat ». J'ai une formation d'économiste, Romain d'historien. Je ne suis devenu « militaire de carrière » que plus tard, à l'issue d'un concours interne. Les OSC révèlent parfois des vocations inattendues. Rien ne semblait prédestiner Romain à devenir lieutenant. Guitariste passionné de heavy metal, il a suivi des études d'histoire médiévale, domaine dans lequel les offres d'emploi ne sont pas légion… Après avoir quitté l'université, il a vécu plusieurs années avec sa femme dans le sud de la France. Il travaillait comme maçon tout en préparant des concours de la fonction publique. Les finances suivaient tant bien que mal. Romain a fini par s'engager dans l'armée, où tout le monde s'accorde à dire qu'il excelle[1].

Chacun regagne ses quartiers pour détailler la mission aux chefs de groupe, qui relaieront à leur tour l'information auprès de leurs équipes. Dans la salle où mes hommes regardent la télévision, je trouve l'adjudant Magid en train

1. A l'issue de son mandat afghan, il sera décoré de la croix de la Valeur militaire avec étoile de vermeil.

d'afficher les résultats du championnat de foot de Ligue 1. Le club de Nice a gagné contre Lorient, celui de Marseille a perdu contre Valenciennes. Au sein de la section, chacun proclame haut et fort ses « convictions footballistiques ». C'est l'occasion d'innombrables taquineries. Je m'empresse de railler le sergent Anthony et le caporal Christophe, partisans acharnés de l'Olympique de Marseille.

— Sans Nice, c'était l'humiliation pour les Méditerranéens. Un club du Sud a sauvé l'honneur...

Ils sont authentiquement abattus. On dirait qu'ils viennent de perdre un proche. Le sergent Anthony rétorque vaguement :

— De toute façon, vous êtes un fanatique, mon lieutenant... Un ultra-indépendantiste... A Tagab, ce n'est même pas pour la France que vous vous battez, tout le monde le sait : c'est seulement pour Nice...

— J'ai une autre bonne nouvelle pour vous.

Ils me considèrent avec méfiance.

— Les résultats du *rehearsal* pour demain...

Je me rends compte aujourd'hui que le football a beaucoup compté dans le choix de mon métier. A l'âge de neuf ans, je suis entré à l'Olympique Gymnase Club de Nice en qualité de poussin. Une affaire que je prenais très au sérieux. Le coach de notre équipe était un dieu vivant pour moi. Il nous montrait le cap, fédérait les énergies. Le week-end, nous partions disputer des matchs aux quatre coins du département. C'était une époque dorée. Je m'épanouissais pleinement au sein du groupe. Je suis ensuite passé par plusieurs clubs, dont l'Entente Saint-Sylvestre Nice Nord, où je suis resté jusqu'au bac. Tous les milieux sociaux, tous les horizons culturels, toutes les couleurs de peau se réunissaient sur le terrain pour gagner. Je me souviens qu'on me surnommait « Cul Blanc » dans les vestiaires : j'étais la seule paire de fesses blanches sous la douche... Le football m'a initié à des valeurs que j'ai retrouvées au sein de l'armée. L'esprit d'équipe, la discipline, le goût de l'effort. A la fin des entraînements de foot, alors que nous étions épuisés, le coach, Gérard, nous obligeait à traverser une dernière fois le terrain en courant. Il fallait repousser ses limites. Chez nombre de militaires, on retrouve cette volonté de se dépasser, d'aller au bout de soi-même.

La pratique du football est soumise à une hiérarchie exigeante. Le capitaine est le seul joueur habilité à discuter avec l'arbitre ; le libéro distribue des instructions précises aux arrières latéraux. Chacun garde une marge de manœuvre, mais on se plie avant tout aux impératifs du groupe. Beaucoup de civils perçoivent la soumission aux ordres militaires comme un système négatif. Le football m'a appris que cette discipline permettait d'atteindre un but commun : le sacrifice individuel se trouve amplement compensé par la satisfaction d'accomplir un exploit collectif.

Sur le terrain, où j'assurais déjà la responsabilité de libéro, le coach me confiait souvent le rôle de capitaine. J'aimais ce poste qui me permettait de commander les hommes. J'ignore l'origine de ce goût pour la fonction de chef. Il y a là une part de mystère : l'« epsilon humain ». Mes amis affirment que cette disposition ne relève pas chez moi d'une volonté de puissance ou de domination. J'ai toujours pensé, en effet, que l'autorité coercitive était un aveu d'échec. Les commandants de valeur s'imposent naturellement : il suffit que leurs instructions soient justes et leur projet intéressant.

Pour souscrire pleinement à un ordre, il est une condition indispensable : avoir confiance en celui qui le donne. Peut-on remettre son destin entre les mains d'une personne en laquelle on ne croit pas ? Dans l'armée française, les compétences des militaires sont évaluées en permanence. Chaque année apporte son lot de tests, d'épreuves, de classements. L'homme qui n'a pas les aptitudes requises pour un poste peut éventuellement déjouer ces évaluations sur un coup de chance. Il le fera une fois, mais pas deux, ni trois. Dans l'armée, c'est au seul mérite que l'on doit son grade. La compétence prime.

Il faut reconnaître qu'un esprit paternaliste appuie bien souvent les ordres. Le supérieur est, consciemment ou non, associé au père. Je me souviens des mots de mon ancien chef de corps à Fréjus, le colonel Xavier Collignon : « Barthe, avant que je quitte le régiment, j'aimerais que tu sois marié. » Il disait ça sur le ton de la plaisanterie, bien sûr, mais il y avait une part de vérité. Ce lien paternel est parfois à l'origine de situations cocasses. L'un des marsouins de ma section a acheté une voiture de sport après l'obtention de son brevet militaire de conduite. Il s'est présenté à la garnison de Fréjus au volant de sa grosse cylindrée. J'étais surpris : un délai de plusieurs semaines est normalement nécessaire pour convertir le brevet en permis civil. Je l'ai aussitôt convoqué dans mon bureau. Ses réponses ont confirmé mes doutes : il attendait encore le papier rose. Comme un enfant pris en faute, il m'a remis les clefs de son bolide.

Je suis revenu au football à l'âge de vingt ans, comme éducateur sportif dans un quartier de Nice : la cité des Moulins, deuxième grand ensemble de la ville, au pied des collines de l'Ouest. Je coachais une dizaine de gamins. On se respectait mutuellement. Ils sentaient que j'étais là pour les faire avancer. La discipline s'imposait naturellement. Nous avions de bonnes relations, mais je me gardais de toute démagogie, penchant facile qui, à long terme, ne mène nulle part. Je me sentais parfaitement à l'aise dans ce rôle de coach. Par la suite, j'ai repris du service en tant que joueur : d'abord à l'université, puis à l'armée, dans l'équipe régimentaire du 21e RIMa. J'officie le plus souvent comme libéro. Mais sur le terrain, la hiérarchie militaire n'a plus cours. Le coach de notre équipe est l'adjudant-chef Spamp : c'est lui qui nous sélectionne et nous dirige. Bien que son grade soit inférieur au mien, j'applique ses instructions.

A la tombée de la nuit, le sergent Anthony ne s'est toujours pas remis de la défaite de l'Olympique de Marseille. Son club favori n'a pas l'habitude de perdre… Avec les deux autres chefs de groupe, les sergents Sélim et Nicolas, il intègre les données GPS de la mission, puis rassemble ses hommes pour détailler l'itinéraire. Demain, au lever du jour, nous serons dans la zone verte, loin de Marseille et de Nice. A la veille d'une opération, j'ai toujours le sommeil anxieux. Je ressasse les détails de mon dispositif. N'ai-je rien oublié ? L'endroit où les VAB effectueront leur demi-tour risque-t-il d'être piégé par un IED ? Le parcours prévu pour l'infiltration est-il vraiment pertinent ? Il faut envisager toutes les possibilités, en particulier l'imprévu à l'état pur, que l'on désigne par le terme « cas non conforme » : un véhicule qui tombe en panne, une route bloquée ou encore le fait d'être repéré avant même d'avoir commencé l'opération. Dans mes rêves, je vois des insurgés postés sournoisement derrière la frondaison des arbres, kalachnikov au poing. Lorsque mon réveil sonne, je spécule de plus belle sur les dangers que j'aurais pu négliger. Ces appréhensions m'accompagnent jusque dans la douche, où je passe et repasse en revue la position de chacun de mes hommes. Curieusement, lorsque le coup d'envoi de la mission est donné, toutes ces angoisses se dissipent : j'enfile mon gilet pare-balles et mon casque, vérifie le fonctionnement de ma radio, puis grimpe dans le blindé avec une étrange sérénité, comme si les dés étaient déjà jetés. Au cœur de l'action, les notions de danger et de peur perdent tout lien de cause à effet.

4

« *Vert 3, contact !* »

Nous quittons la base à deux heures trente du matin pour mettre le cap à l'est, vers la vallée d'Alah Say. Les pilotes des véhicules de l'avant blindé (VAB) sont équipés de lunettes intensificatrices de lumière. Elles offrent un avantage de taille sur l'ennemi, qui ne possède aucun moyen de vision nocturne. Les insurgés n'en disposent pas moins d'informations précises sur nos déplacements. Nos services de renseignements le confirment : même en pleine nuit, les chefs talibans sont tenus au courant de nos opérations par des guetteurs, postés en permanence autour de la base. Pour éviter toute fuite, on nous recommande la plus grande discrétion sur le contenu des *mission briefs*. L'ennemi a des oreilles partout.

Il a fait tellement chaud ces derniers jours que mon gilet pare-balles, comme une seconde peau, est tout entier imprégné de mon odeur. J'imagine qu'il a déjà absorbé des litres de sueur. Au contact de ma chemise militaire UBAS, en coton et polyester, il dégage des relents susceptibles d'incommoder mes camarades. Avant de monter dans le VAB, j'ai aspergé mon gilet pare-balles de déodorant dans l'espoir d'atténuer les vapeurs déplaisantes. Ces attentions sont importantes dans la précarité du quotidien : à la moindre négligence, les émanations de trente hommes vivant côte à côte par 40 °C peuvent rapidement créer un « enfer olfactif »...

A hauteur du village de Tatarkhel, nous déposons les appuis à deux endroits différents : sur les versants à découvert, il est préférable d'éviter toute concentration de troupes. Au premier arrêt, les lieutenants Mattieu et Romain descendent des blindés avec leur équipement. Ils entament leur infiltration à flanc de colline. Ils resteront en contact avec nous tout au long de l'opération. Mattieu est chargé du guidage des appuis aériens, hélicoptères et avions de chasse. Dans le jargon de l'OTAN, c'est le JTAC* : *Joint Tactical Air Controller.* Romain dirige les éléments d'observation : si des tirs de mortier s'avèrent nécessaires, il établit les coordonnées sur le terrain. Au deuxième arrêt, ce sont les tireurs d'élite de l'adjudant Patrice qui entrent en mouvement. Ils gagnent eux aussi les hauteurs à pied. Ce groupe obéit à deux impératifs : camouflage et autonomie. Les hommes de cette unité, qui se déplacent en binôme, peuvent effectuer des tirs précis à plus de mille huit cents mètres.

A quatre heures, toutes les sections de la 4e compagnie sont rassemblées devant l'école de Tatarkhel. Le jour se lève. Le ciel est limpide, dégageant une étrange impression d'attente. Les contreforts de l'Hindou Kouch s'élèvent devant nous, majestueux, indifférents aux contingences humaines. En Kapisa, on ressent partout le primat de la nature : les hommes proposent, elle dispose. Pour survivre, les agriculteurs – qui représentent ici les trois quarts de la population – doivent composer avec un environnement rude. Tout est extrême : le froid, la chaleur, la foudre... Au point du jour, des groupes de villageois passent devant nous pour rejoindre les champs et les vergers. Peut-être des insurgés se cachent-ils parmi eux. L'été est une période particulièrement difficile pour les forces françaises en Kapisa : les madrasas* du Pakistan étant fermées, les talibans investissent la vallée en nombre. La végétation est aussi plus dense, offrant un terrain favorable au harcèlement. Les statistiques montrent que le nombre d'accrochages et d'IED est en nette augmentation dans la province par rapport à l'année précédente. La pression de l'ennemi est à son comble.

Les hommes de la Section environnement opérationnel (SEO) connaissent déjà les *malek* – les responsables – de Tatarkhel. Ils leur demandent de nous accompagner jusqu'à Manokhel pour faciliter les contacts dans ce village. Les *malek* refusent de s'engager avec nous, sûrement par crainte des représailles. La compagnie ira donc seule, sans introduction auprès de la population. L'infiltration débute. Ma section ouvre l'itinéraire dans le dédale de la zone verte. Les allées tortueuses et les arbres réduisent notre champ de vision. Nous apercevons des villageois qui nous regardent, téléphone portable contre l'oreille. Renseignent-ils l'ennemi sur nos positions ?

Nous sommes encore en début de matinée et mon gilet pare-balles est déjà trempé de sueur. Comme la plupart de mes hommes, j'utilise des lingettes pour me nettoyer et me rafraîchir le visage. Mon père me les envoie par colis, sûrement sans savoir à quel point il me rend service. Je retire de mon front, de mes joues et de ma nuque des quantités impressionnantes de poussière. Dans les combes de Kapisa, si l'on n'y prend pas garde, on se transforme rapidement en statue de cendres. Au retour des missions, je m'étonne parfois de l'image que me renvoie le miroir : un homme méconnaissable, les yeux cernés, la peau humide et bariolée de crasse.

Dans les venelles de la zone verte, parmi les pousses sauvages, on aperçoit quelques parcelles de cannabis. Secouées par le vent, les feuilles découpées en dents de scie dégagent une odeur lourde et entêtante, entre chlorophylle et sueur de cheval. Ces émanations se mêlent aux relents des prunes suries qui pourrissent sur le sol. Mes groupes atteignent enfin la place du village de Manokhel. Nous déployons un dispositif à 360° en attendant l'arrivée des autres sections. Une fois la compagnie au complet, les hommes de la SEO débutent leur mission. Ils distribuent des tracts aux villageois. Il s'agit d'une « opération psychologique blanche » : informer la population sur l'activité des troupes françaises en Kapisa. Une action qui permet de contrer les rumeurs calomnieuses que les talibans répandent à notre sujet. La SEO n'a pas vocation à « enfumer » les Afghans : elle doit s'en tenir à la vérité des faits. Les forces tricolores, contrairement aux insurgés, ne pratiquent pas d'« opérations psychologiques noires », qui reposent sur le mensonge et la désinformation. Le commandant Pierre, à la tête de la SEO, est un fin connaisseur de l'Afghanistan. Il a déjà effectué un mandat en Kapisa. Quand on l'interroge sur ses activités, il va droit au but, sans langue de bois : « Même si nous construisons des puits et des écoles, il faut être clair : nous sommes des militaires, pas des humanitaires. Notre travail consiste à informer les villageois. Ici, tout fonctionne par le bouche à oreille. Il est essentiel de réagir aux fausses rumeurs. La population afghane est devenue le centre de gravité des opérations. C'est là que se trouve la solution du conflit. »

Personne ne doute de la pertinence de cette analyse, qui trouve une lointaine origine dans la pensée du maréchal Lyautey (1854-1934), théoricien du rôle social de l'officier et d'une armée aux valeurs humanistes. Mais c'est aujourd'hui un autre Français, David Galula (1919-1967), qui fait autorité auprès des stratèges de l'OTAN. Ce militaire atypique, ancien du 21e RIMa, mena avec succès une mission de pacification en Kabylie, pendant la guerre d'Algérie : il privilégiait les actions psychologiques et sociales à l'emploi de la force. Dans les années 60, il signa un livre, *Contre-insurrection : théorie et pratique*, qui rencontra un large écho aux Etats-Unis. David Galula y insiste sur l'importance du soutien populaire dans les contextes de guérilla. En d'autres termes, c'est en améliorant le quotidien de la population que l'on obtient son soutien. De nos jours, il est considéré par les grands généraux de la coalition comme un stratège majeur. David Petraeus, chef des forces américaines en Irak puis en Afghanistan, l'a même baptisé « le Clausewitz de la contre-insurrection ». Sa pensée, qui fait l'objet d'un large consensus, nous apporte une certitude : la clef du conflit se trouve dans le cœur des Afghans. Sans leur faveur, on ne peut espérer aucune avancée significative.

Au bout de deux heures, la SEO a terminé sa mission. On reçoit l'ordre de désengager.

Il y a à mes côtés une Section d'aide à l'engagement débarqué (SAED*), composée de personnels qualifiés commando, de tireurs de précision et de gardes du corps. Elle va appuyer notre déplacement. Vert 3, à la tête du dispositif, se replie en premier. Nous empruntons un nouvel itinéraire afin de réduire les risques de prises à partie. Chaque fois que nous dépassons une section amie, nous rendons compte de notre position par radio. Alors que Vert 3 a presque fini de se replier, des détonations se font entendre. Des balles sifflent juste au-dessus de nos têtes. Ma section se poste derrière des abris en terre, recherchant la provenance des tirs. Ils viennent du nord, de la place du village. Quelques secondes plus tard, je reconnais le claquement des Famas : c'est la riposte de la SAED, de Vert 1 et Vert 4, restées derrière nous. Le moment de vérité est arrivé. Nous sommes sous le feu ennemi. Tous mes sens sont en éveil, affûtés par le danger. Ce n'est pas la peur qui m'envahit, mais un profond sentiment d'injustice. On cherche à prendre nos vies et, sans visuel sur l'ennemi, je ne peux pas réagir. Les troupes françaises sont soumises à des règles d'engagement très précises. La « riposte proportionnée » et la « gradation de la force » sont des notions que nous devons constamment garder à l'esprit. Une « identification positive* » est indispensable avant d'ouvrir le feu : on ne peut tirer sur un individu que s'il nous menace clairement avec une arme. Les supérieurs insistent sur ce point : en Kapisa, nos principaux ennemis, ce sont les « dommages collatéraux ». Un civil afghan injustement tué peut anéantir plusieurs mois d'efforts, sinon des années, et inciter toute une famille à prendre les armes contre nous. A la différence des talibans, nous ne sommes pas ici pour « tirer dans le tas » au premier accrochage. Notre mission consiste avant tout à apporter la sécurité et la paix au peuple afghan : ces considérations ont peut-être quelque chose d'utopique, mais à présent, dans le feu de l'action, c'est sur elles que je m'appuie pour garder mon sang-froid. Je n'ai pas le temps d'égrener chacune de ces pensées dans la vallée d'Alah Say : patiemment intégrées en formation, elles se résument sur le moment à un simple réflexe.

Un ordre tombe sur le réseau compagnie : nous devons reconquérir la place de Manokhel. Mon chef de groupe le plus proche, le sergent Nicolas, me propose d'emprunter une piste qui part plein nord. Option judicieuse qui permet de suivre un itinéraire inédit. Depuis la riposte, le feu s'est calmé. En appui mutuel, nous reprenons pied sur la place du village. Les dégâts sont conséquents : le mur en terre d'une ferme est entièrement criblé de balles de 7,62 mm. Nous tenons la place pendant une vingtaine de minutes. Les civils ont déserté les lieux. Les insurgés semblent s'être retirés eux aussi. Sur ordre du capitaine Laurent, nous désengageons à nouveau. Le repli s'effectue sans accrochage. Chaque marsouin a joué son rôle avec calme, en particulier le caporal Mickaël, qui était au plus près du feu. Ce chef de trinôme s'est posté exactement comme il le fallait, déployant de part et d'autre ses deux équipiers-grenadiers voltigeurs*. Un réflexe d'autant plus méritoire qu'il transporte, outre son armement, tout un matériel d'auxiliaire sanitaire : la trousse de secours de la section et un brancard souple. Je sais que mes hommes ont le sentiment de s'être fait tirer dessus comme des lapins, sans pouvoir répondre. A la différence de Vert 1 et Vert 4, nous n'étions pas directement visés : sur le réseau radio, le fatidique « VERT 3, CONTACT ! » n'a pas été prononcé.

Il est déjà treize heures lorsque nous rallions le village de Tatarkhel, qui garde l'entrée de la vallée d'Alah Say. Cela fait maintenant plus de dix heures que la mission a débuté. Ma section ne songe qu'à regagner le camp, mais la mission n'est pas encore terminée. La compagnie se déplace jusqu'au pont de Tagab, *hotspot* où les forces françaises sont souvent prises à partie. Il s'agit d'un verrou stratégique situé à la confluence des vallées d'Alah Say et de Bedraou. Vert 3 reçoit l'ordre de rester en arrière, à Tatarkhel, pour protéger l'école et l'entrée du village. Le réseau compagnie relaie bientôt une information inquiétante : selon nos services de renseignements, les insurgés prépareraient une embuscade sur le pont de Tagab. Un « tuyau » fourni par les policiers afghans. Leurs mises en garde sont parfois exagérées, mais elles ont toujours un fond de vérité. Les Français décident de jouer la prudence : il faut fouiller la zone avant de s'engager sur le pont.

Au bout de quelques minutes, un message radio confirme l'information par-dessus le fracas des détonations : « VERT 1, VERT 4, CONTACT ! » La compagnie était attendue. L'enfer se déchaîne contre nous : des tirs de roquettes et de fusils-mitrailleurs PKM. Vert 1 et Vert 4 sont devant moi. Les vitres de leurs blindés s'étoilent sous les balles, mais tiennent bon. Les sapeurs légionnaires du lieutenant Alban sont eux aussi sous le feu. L'un de ses hommes est touché. Trois sections de la 2e compagnie sont envoyées en renfort depuis la base, avec un char AMX-10 RC. Elles identifient rapidement la provenance des tirs : dans les arbres de la zone verte et derrière des murets fendus par des meurtrières. A peine la 2e compagnie a-t-elle rejoint le pont qu'elle est à son tour prise à partie. Nos positions sont trop étirées pour être hermétiques.

Ma section se place en sûreté arrière, avec l'aide des cavaliers légionnaires de l'adjudant Jean-Bernard, dont les blindés sont armés de canons de 20 mm. Alors que les tirs se poursuivent, je m'étonne de voir la nuit tomber : il est déjà dix-sept heures… Vert 3 reçoit une nouvelle mission : appuyer les éléments de la 2e compagnie qui continuent à subir un feu nourri. J'ai l'impression de vivre le jour le plus long de ma courte existence… Mes hommes se rassemblent. Nous devons traverser un vaste découvert : d'abord la route, ensuite les étendues marécageuses qui bordent l'entrée de la vallée de Bedraou. Le premier groupe, avec l'adjudant Magid, s'élance au pas de course, ignorant tant bien que mal les détonations toutes proches. Les deux autres groupes se réunissent dans l'hésitation et le doute. Les tirs se multiplient. Notre sprint s'avère éminemment risqué. Comme pour le départ d'un cent mètres, j'entame le décompte : « 3, 2, 1..., go ! » Nous courons aussi vite que possible dans la boue, Famas au poing. Une fois de l'autre côté du marécage, je constate avec soulagement que toute la section a traversé le découvert sans dommages. Au moment où je m'apprête à parcourir mon dispositif et à donner mes ordres, nous sommes soudain pris en étau par des tirs ennemis. Les projectiles fusent des deux côtés. Les insurgés sont à moins de cent mètres, nous harcelant à la kalachnikov et au RPG*. Ce lance-roquette de facture russe est l'une des armes les plus répandues au monde. D'un coût réduit et d'un maniement facile, elle est privilégiée dans les contextes d'insurrection et de guérilla. La détonation qu'elle produit, à la fois creuse et rauque, est reconnaissable entre mille.

Je m'empare du combiné de la radio : « VERT 3, CONTACT ! » Mes hommes réagissent immédiatement. C'est la première fois qu'ils ouvrent le feu sur les insurgés. Toutes les armes sont mobilisées : Famas, fusils-mitrailleurs, LGI (lance-grenade individuel)... A l'est du dispositif, deux roquettes ont frôlé le groupe du sergent Anthony. A l'ouest, l'adjudant Magid et le caporal Guillaume ont essuyé des tirs de kalachnikov à très courte distance : encore incrédules, ils examinent l'impact des balles sur le mur derrière eux. La nuit s'épaissit sur la vallée. La situation se calme peu à peu.

Depuis une dizaine de minutes, nous entendons le bourdonnement rassurant des hélicoptères au-dessus de nos têtes. Malgré l'obscurité, il y a peu de risques qu'ils nous prennent malencontreusement à partie : ils sont capables de repérer nos positions grâce aux signaux infrarouges que nous émettons. Les blindés de la 4e compagnie s'engagent enfin sur le pont de Tagab pour rallier la base. J'apprends que tous les éléments amis déployés derrière mon dispositif sont à présent exfiltrés. Nous devons quitter les lieux au plus vite. Reste à traverser les étendues marécageuses dans l'autre sens... J'aperçois la section du lieutenant Mitch, officiant au sein de la 2e compagnie, encore positionnée à ma droite. Je suis heureux de le trouver à mes côtés après des heures aussi mouvementées. Cet homme à la carrure imposante, originaire de la Réunion, est un ami de longue date. Il m'appuiera pendant le désengagement. Mes hommes s'élancent dans la boue en courant. Tous les éléments de Vert 3 atteignent le pont de Tagab sains et saufs. Les pilotes de ma section viennent nous chercher en véhicule blindé. Nous embarquons, direction le camp. Il est près de vingt heures : notre mission a commencé le matin même à deux heures trente…

Un peu plus tard, à la cantine – appelée l'« ordinaire » dans l'armée –, l'humeur de mes hommes est mitigée. La fierté d'avoir subi l'épreuve du feu le dispute à la tristesse suscitée par la blessure du légionnaire. Curieusement, plusieurs d'entre eux me font la même remarque : « Mon lieutenant, aujourd'hui, c'était presque comme dans *La Chute du faucon noir*[1] ! » Hollywood rattrape les marsouins jusqu'à Tagab.

1. Il s'agit d'un film de Ridley Scott. L'action se déroule en Somalie, au début des années 90. Des unités américaines entreprennent de sauver l'équipage de plusieurs hélicoptères tombés en territoire ennemi.

5

L'Hermitage

Le légionnaire touché dans la vallée d'Alah Say, le caporal Kevin, a été immédiatement évacué en France. Sa blessure est sérieuse. Dans l'armée, lorsque le pronostic vital est engagé, on parle d'un « blessé alpha ». Tous les lieutenants de la compagnie se rendent auprès de la section du caporal. Nous voulons témoigner notre solidarité aux hommes de Jaune 2. Igor et Saïd, avec qui j'ai découvert l'IED de Maktab, sont là. L'ambiance est lourde et silencieuse. Les regards remplacent les mots. Le sergent Dragos, chef de groupe du caporal Kevin, est encore sous le choc.

C'est une meurtrissure collective. Les officiers, les sous-officiers et les hommes du rang pensent à leur « frère d'armes » avec d'autant plus d'émotion que chacun d'entre eux aurait pu être à sa place. On s'interroge naturellement sur le rôle du hasard. Le parcours d'une balle est-il aléatoire ou chargé d'une sorte de fatalité ? Pourquoi lui et pas nous ? Autant de questions insolubles. Nous sommes tous conscients qu'il est néfaste de s'abandonner au désespoir à ce stade du mandat. « En touchant un seul homme, les insurgés ont blessé tous les cœurs, dit un membre de Jaune 2. Mais il nous reste encore cinq mois à Tagab. Il faut garder confiance et continuer à avancer. » Igor est du même avis. Demain, il fêtera ses trente-trois ans. Pour soutenir le moral des hommes, il décide de maintenir le barbecue prévu à cette occasion. Igor a déjà quatorze ans de Légion derrière lui. Il a effectué des missions délicates : déminage au Kosovo, rapatriements d'urgence à Chypre... Mais la Kapisa est de loin l'opération la plus dure qu'il ait connue. « C'est un environnement hostile, plein de mauvaises surprises... », me dit-il avec ce mélange d'ironie et d'opiniâtreté qui m'est déjà familier.

Il est déjà tard lorsque je regagne la « zone-vie* » de ma section, au sud du camp : un ensemble de baraquements rectangulaires. Dans la « popote* » – l'endroit où l'on se réunit pour boire un café –, la télévision est encore allumée. Deux caporaux sont hypnotisés par un clip de Shakira. Elle danse langoureusement pour le lancement de la Coupe du monde de football, en Afrique du Sud. Chaque baraquement accueille en moyenne une dizaine d'hommes. Ils se ménagent tant bien que mal un espace personnel : quelques étagères, des photos épinglées au mur, et une cloison faite de simples planches ou de tissus. Les caisses de roquettes font parfois office de banc… La plupart de mes hommes consacrent une partie de leurs loisirs à un jeu vidéo de… guerre : *Call of Duty*. Ils relient leurs ordinateurs portables pour jouer à plusieurs, en réseau. Dans ces conflits virtuels, tous les rapports hiérarchiques s'effacent. C'est le côté récréatif qui l'emporte. Il n'est pas rare d'entendre un caporal hurler : « Ah, sergent, je vous ai eu ! »

Les conditions de logement évoluent en permanence sur la base. Les effectifs de la 2e compagnie, contrairement à nous, dorment dans des bâtiments en dur, qui les protègent des CHICOM. Ils sont installés dans des chambres de deux personnes. D'autres unités, comme les cavaliers légionnaires de l'adjudant Jean-Bernard, sont logées sous de grandes tentes collectives renforcées par des sacs de terre. D'un mandat à l'autre, les régiments tentent d'améliorer leurs conditions de vie. Vert 3 profite ainsi d'un vaste espace de détente entre ses baraquements. Nous avons trois tables extérieures entourées de canapés et une grande salle popote, ce qui nous permet de convier des amis. Des travaux sont actuellement en cours pour remplacer nos baraquements par des bâtiments semblables à ceux de la 2e compagnie. Nos successeurs auront peut-être la chance d'en profiter.

Les poussières fines du lœss afghan s'immiscent partout. En quelques heures, sinon quelques minutes, les êtres et les choses se drapent d'un voile ocre gris. Lorsque nous avons pris possession de nos quartiers, au début du mandat, j'ai eu un mouvement d'humeur contre les chasseurs alpins qui nous avaient précédés : la zone-vie, entièrement recouverte de poussière, paraissait très sale. J'ai vite compris qu'ils n'y étaient pour rien. Ici, il faut constamment balayer les baraquements et nettoyer les armes : sans entretien, les objets les plus neufs passent en une seule journée à l'état d'antiquité.

Il est près de minuit. Je m'allonge sur mon lit. L'un de mes hommes joue encore sur son ordinateur. Je l'entends pester. En opération extérieure, les militaires doivent renoncer à leur intimité. Outre les ronflements, on suit sans le vouloir les discussions téléphoniques de ses voisins : mots doux, engueulades, questions d'immobilier ou de jardinage... Je sais presque tout de mes camarades de chambrée : la nouvelle couleur de leur cuisine, l'endroit où les enfants passeront les grandes vacances, la marque des croquettes de leur chat... J'ai passé plus de quatre ans avec les marsouins de ma section. A Fréjus, au Kosovo, dans le Larzac ou encore en Guyane. On apprend à se connaître...

Il y a plusieurs appels en absence sur mon téléphone portable. Maguelone a tenté de me joindre dans l'après-midi. Je ne pensais pas revenir aussi tard de mission. A partir de dix-neuf heures, le réseau téléphonique est coupé à Tagab. Il faudra attendre demain pour lui parler. Inutile de se rabattre sur Internet : l'accès a été exceptionnellement suspendu. C'est une précaution qui s'impose toujours dans les heures qui suivent une blessure grave ou un décès. Il s'agit de protéger les proches de la personne touchée, en prévenant la diffusion d'éventuelles rumeurs, par nature floues ou inexactes. En France, beaucoup de familles de militaires sont en relation, les nouvelles vont vite.

Maguelone et moi avons prévu de nous installer ensemble à mon retour d'Afghanistan. Ce sera une première d'un côté comme de l'autre. Nous sommes tous les deux sûrs de notre choix, même si l'on ne se connaît que depuis quelques mois. Je l'ai rencontrée par le biais d'une association étudiante, domaine dans lequel je me suis beaucoup investi. A treize ans, je participais déjà au conseil d'administration de mon collège en tant que représentant des délégués de classe… J'ai continué à m'engager sous d'autres formes au lycée, puis à l'université. A Nice, à travers le Bureau des étudiants (BDE), je prenais plaisir à organiser des activités collectives : soirées, séjours de ski, conférences… Avec mes amis, nous tentions de fédérer les énergies pour améliorer le quotidien. Fidèles à cet état d'esprit, nous avons regroupé toutes les associations universitaires des Alpes-Maritimes. Cette structure, baptisée FACE 06, vient de fêter ses dix ans. Elle s'est imposée comme la première fédération étudiante de France.

Au mois d'octobre dernier, Marion, une amie travaillant pour ALUMNICE, l'association des diplômés de l'université Nice Sophia-Antipolis, m'a appris qu'elle préparait un dîner-débat avec l'ambassadeur de France en Irak. L'événement devait se tenir en fin de semaine à l'Hermitage, un hôtel luxueux de Monaco. Le jour de son appel, Marion s'apprêtait à rencontrer les étudiants qui participeraient à cette conférence. Certains d'entre eux l'accompagneraient peut-être plus tard pour boire un verre. Elle me proposait de les rejoindre dans le Vieux Nice. Je venais de rentrer d'une mission de lutte contre l'orpaillage illégal en Guyane : quatre mois en forêt profonde. J'avais besoin de me divertir, de renouer avec les joies du monde civil. J'ai retrouvé Marion et ses amis dans un pub près de l'Opéra, sur le cours Saleya. C'était une belle soirée d'automne. Je me suis présenté à ses amis. Une jeune fille a immédiatement retenu mon attention. Ses yeux, d'un bleu magnétique, tiraient presque sur le violet dans la pénombre du bar. Une chevelure ample et sombre tombait sur son décolleté. Il y avait à la fois de la détermination et de la douceur dans l'expression de son visage. Je m'apprêtais à engager la conversation avec elle lorsqu'un des étudiants présents autour de la table m'a interrogé sur mon expérience en Guyane. Je répondais de mon mieux à sa curiosité, sans parvenir à détourner mes pensées de la jeune fille aux yeux bleus. Elle surveillait son téléphone portable avec une nervosité qui m'intriguait. L'étudiant multipliait les questions. Il voulait à présent savoir quelle était la journée type d'un militaire. J'essayais de me concentrer, expliquant que la routine, malgré les idées reçues, n'avait pas vraiment de place dans le quotidien d'un officier. Un jour on suivait une formation commando, le lendemain un cours sur les armes bactériologiques… La jeune fille m'a soudain interrompu :

— Tu es officier sous contrat spécialiste ou officier sous contrat encadrement ?

J'étais à la fois surpris et flatté. Bien peu de civils maîtrisent ce genre de subtilités.

— Officier sous contrat encadrement…, ai-je répondu, un peu pris de court.

Elle a hoché la tête, comme pour conclure une réflexion intérieure. Il était déjà tard. Le pub a fermé en un clin d'œil. Les étudiants se sont rapidement dispersés. Je suis rentré chez moi en regrettant de ne pas avoir davantage parlé avec cette belle étudiante.

Mon amie Marion m'a appelé le lendemain. Elle voulait savoir si j'étais partant pour assister à la conférence de l'ambassadeur de France en Irak. Aller à Monaco ne faisait pas vraiment partie de mes plans, même si la principauté est toute proche pour les Niçois. Connaissant Marion de longue date, je lui ai parlé en toute franchise :

— La fille d'hier, elle sera là ?

— Il y en avait plusieurs... Mais je vois très bien de qui tu veux parler ! Oui, elle sera là.

— Apparemment, elle connaît bien l'armée...

— Je crois qu'elle fait un master défense-sécurité. Tu t'en assureras de vive voix...

J'ai proposé à Jean-François, un cousin qui habite Monaco, de m'accompagner. Toujours d'excellente humeur, c'est le compagnon de fête idéal. Je l'ai retrouvé le soir même sous la coupole de l'Hermitage. Il était tiré à quatre épingles, comme moi. L'ambiance de la conférence n'avait rien de déjanté : une poignée de retraités monégasques dans un décor fastueux. Le débat organisé autour de l'ambassadeur, heureusement, était passionnant. Quand les convives ont commencé à prendre place pour dîner, je ne songeais qu'à une chose : trouver au plus vite l'étudiante aux yeux bleus pour m'asseoir à sa table. Trop tard : je me suis retrouvé coincé entre deux couples de retraités. Les plats étaient excellents, mais se succédaient avec une lenteur désespérante. Mon cousin m'égayait en me faisant part des dernières rumeurs sur les transferts de l'OGC-Nice. Je ne cessais de promener mon regard dans la salle. Impossible de repérer la mystérieuse jeune fille. Etait-elle venue au moins ? A la fin du dîner, plusieurs places se sont libérées à notre table. Marion est venue nous rejoindre avec ses amis. « Tu connais déjà Maguelone, je crois ? », m'a-t-elle lancé en désignant la personne que j'avais cherchée en vain dans la foule. Mon cousin, habile, s'est empressé de céder sa place à Maguelone. Nous avons partagé un verre de vin en discutant. Elle en savait plus encore que je ne pensais sur l'institution militaire. Ce n'était pas du seul fait de ses études : il se trouve qu'elle songeait sérieusement à rejoindre l'armée... J'ai soudain reconsidéré mon parcours militaire, imaginant à ma place cette jeune fille qui me plaisait tant. J'ai posé ce soir-là un autre regard sur l'engagement : les risques qu'il impliquait ne menaçaient plus ma seule personne.

Dans l'allégresse, Maguelone, l'un de ses amis et moi avons poursuivi la soirée de l'autre côté de la frontière, à Nice. Personne ne devait travailler le lendemain. Les étudiants en vacances, comme les jeunes officiers en permission, ont le sentiment d'avoir la vie devant eux. Nous connaissions tous les trois Nice sur le bout des doigts, chacun ayant ses préférences en matière de bars. Un compromis a finalement été trouvé autour du Blue Whales, dans la vieille ville. L'établissement accueillait ce soir-là un groupe de rock. L'ambiance guindée de l'Hermitage paraissait déjà bien loin. Nous sommes montés au premier étage pour nous asseoir entre les tables de billard. Un vendeur ambulant proposait des roses aux clients. J'ai sauté sur l'occasion : les Niçois sont de grands sentimentaux…

— Pourquoi ce cadeau ? m'a demandé Maguelone.

— Parce que ça me fait plaisir.

Nous étions tous les trois serrés autour d'une petite table, heureux de partager l'ambiance festive de notre ville. Entre deux plaisanteries, Maguelone et son ami m'interrogeaient sur le métier de lieutenant. A cette époque-là, je savais déjà que mon régiment, le 21e RIMa, devait partir pour l'Afghanistan.

Je n'en avais pas encore informé mes proches, toute opération extérieure pouvant être annulée au dernier moment, je ne voulais pas les inquiéter inutilement. Sans savoir au juste pourquoi, c'est à Maguelone que j'en ai parlé pour la première fois. Je me souviens de lui avoir dit : « Ne t'en fais pas, je ne suis pas du genre collant, je pars bientôt pour six mois en Afghanistan… »

La virée nocturne s'est prolongée sur la Promenade des Anglais. A l'aube, nous buvions encore du champagne. L'ami de Maguelone s'est absenté pour aller acheter une autre bouteille, nous laissant seuls un instant. Je l'ai pressée de m'embrasser. Elle m'a repoussé en plaisantant : « Tu es l'un de ces militaires en permission, à la recherche d'une aventure d'un soir ! » Il faisait jour quand notre virée a pris fin. Nous étions sur le port de Nice, où l'activité battait déjà son plein. J'ai dit à Maguelone : « Voilà mon numéro. Je serai ce soir à dix-huit heures en bas de chez toi. Tu descendras si tu en as envie… »

Elle est venue au rendez-vous. Nous avons passé une excellente soirée sur la terrasse d'un restaurant, à Villefranche-sur-Mer. Il faisait doux, je me sentais happé par le charme de Maguelone. La semaine suivante, nous sommes partis pour Rome sur un coup de tête. Chaque soir nous dormions dans un hôtel différent. Je me disais que si cette histoire avait un avenir, nous ferions de belles choses ensemble. Comme moi, Maguelone n'envisageait pas un instant de se laisser enfermer dans la routine du quotidien, avec un crédit sur vingt-cinq ans et des vacances tranquilles à la montagne. Nous avions tous les deux soif d'aventure.

Quelques mois plus tard, avant mon départ pour l'Afghanistan, j'ai reçu ma fiche de mutation annuelle. Les militaires doivent y inscrire leurs desiderata. Dans les troupes de marine, il est possible de partir « en séjour » : servir pendant deux ans en Afrique ou dans les DOM-TOM, avec sa famille si on le souhaite. Comme dans toute entreprise, les mutations proposées ne correspondent pas toujours aux vœux formulés. Il faut dresser une liste par ordre de préférence. Pour la première fois, j'ai senti que ce choix n'était plus strictement individuel : il engageait désormais une autre personne. Ni Maguelone ni moi ne nous sentions prêts à partir en séjour. Elle devait finir ses études. J'ai rempli la liste à contrecœur, en espérant que je ne serais pas muté dès l'année suivante. Si cela devait arriver, Maguelone ne pouvant pas me suivre, je risquais de me retrouver seul, loin de l'Hexagone. On appelle ça le « célibat géographique ». Cette perspective m'a fait prendre conscience d'un sacrifice que j'avais jusqu'ici ignoré : être séparé de la femme que j'aime.

6

La « cible molle »

Vert 1 et Vert 3, renforcés par le groupe génie Jaune 23, se préparent pour une patrouille dans le bazar de Tagab. Au début du mandat, nous abordions cette mission avec confiance : les insurgés évitent d'attaquer les forces françaises quand elles évoluent au milieu d'une forte concentration de civils. Ils essaient – comme nous, mais avec plus d'inconstance – de soigner leur image auprès de la population. Ils n'hésitent toutefois pas, quand la situation l'exige, à l'utiliser comme bouclier. La semaine dernière, un homme de notre compagnie a repéré un tireur taliban dans la vallée d'Alah Say : il se déplaçait au grand jour, fusil-mitrailleur en main, s'entourant d'enfants. De quoi décourager nos ardeurs…

Depuis peu, nous envisageons les patrouilles dans le bazar avec moins de sérénité. Il y a quelques jours, Vert 3 a été appelé en *Quick Reaction Force* (QRF) pour appuyer une section en plein centre du village. C'était le jour du grand marché, la foule était très dense. Contre toute attente, les insurgés ont fait sauter un vélo piégé sur la place. Bilan : un civil afghan tué et sept autres blessés. Le VB IED (*Vehicle Borne IED*) avait été placé près d'une échoppe. En découvrant les dégâts, nous étions tous révoltés : dans l'espoir de toucher un responsable afghan favorable aux forces françaises, les talibans avaient aveuglément frappé des innocents.

Vert 1 et Vert 3 quittent la base à pied, s'engageant sur un vaste découvert. Après avoir traversé l'axe principal, nous rallions le marché. Malgré les risques, il est important d'entretenir des contacts répétés avec la population. De ce point de vue, nos méthodes diffèrent sensiblement de celles des Américains. En Afghanistan, on estime que seuls 10 % des GI sortent de leur base. Une proportion sans commune mesure avec celle des forces françaises : à Tagab, le pourcentage s'élève à près de 95 %... Depuis le début du conflit, en 2001, la confiance entre la population afghane et les forces de l'OTAN s'est indéniablement dégradée. Mais dans ce domaine, rien n'est irréversible. Les équipes de la SEO, qui mènent ici de nombreuses actions civilo-militaires, nous le disent : les habitants de la vallée sont las de vivre sous la menace talibane. Beaucoup regardent d'un œil favorable nos efforts pour améliorer leur quotidien. Rester cloîtré dans l'enceinte de notre base s'apparenterait à un renoncement. Il faut sortir, montrer aux Afghans que nous sommes là pour faire reculer les insurgés.

Une « cible molle » nous accompagne. Il s'agit d'un civil non armé dont nous devons assurer la sécurité. Il s'appelle Charles. Il vient des Etats-Unis, détaché par l'Agence américaine pour le développement international (USAID). Arrivé depuis peu à Tagab, il travaille avec les équipes de la Section environnement opérationnel (SEO) pour mettre en œuvre des programmes de reconstruction. Cette sortie au bazar lui permettra de prendre contact avec la population locale. Charles est un homme ouvert avec qui j'ai déjà eu l'occasion de parler. Marié de longue date à une Nigérienne, il parle couramment le français. J'ai fait passer une consigne précise aux hommes de ma section : ne jamais laisser

Charles seul dans le marché. Le village n'est pas seulement dangereux pour les militaires. Deux civils, des journalistes français, ont été pris en otage à Tagab l'an passé. A l'heure où j'écris ces lignes, ils sont toujours en détention, quelque part dans les vallées afghanes.

Il est neuf heures du matin et les échoppes du bazar tournent déjà à plein régime. Les étals des commerçants regorgent de fruits et d'étoffes colorées. Une foule d'hommes en *shalwar kemis** (tenue traditionnelle) et de femmes en *burqa* se pressent dans les allées. Ils nous adressent des regards mitigés, où la curiosité le dispute à l'inquiétude. Il faut veiller à ne pas se comporter comme une force d'occupation. Dans ce bazar, notre rôle consiste seulement à appuyer un détachement de l'armée nationale afghane (ANA). Il ne s'agit pas d'une simple nuance : c'est une distinction fondamentale qui doit être visible dans notre attitude. La hiérarchie le rappelle aux soldats dans un « guide pratique de règles et de comportement ». Une mention y figure en lettres rouges : « *Les forces françaises ne sont pas des forces d'occupation. Cela implique : d'agir dans la courtoisie et le respect des coutumes locales ; de communiquer avec les personnes rencontrées ; de* *chercher à instaurer un dialogue et plus généralement un climat de confiance ; de porter assistance – après compte rendu – à toute personne blessée ou accidentée ; de rester exemplaire, ferme et rigoureux dans l'exécution de la mission.* » Lors des patrouilles, on nous ordonne également de garder le canon de nos armes pointé vers le bas. Autre consigne, qui s'achève sur une note ironique : « *Lors des conversations, le port des lunettes de soleil est à bannir : on les retire pour discuter avec quelqu'un (même si l'on est très fier de ses dernières Oakley...).* »

Devant une échoppe, Charles, notre « cible molle », distribue des stylos aux enfants. Ils tournent autour de nous, curieux et rieurs. Je ne me lasse pas d'admirer la diversité de leurs visages : certains ont la peau blanche et les yeux clairs, d'autres les pommettes saillantes et les cheveux d'un noir de jais. On entrevoit à travers ces nuances des bribes de l'histoire afghane, qui a forgé son identité sur une étonnante mosaïque de peuples. En opération, ce sont souvent les enfants qui engagent la discussion avec les militaires. Ils observent nos armes avec une drôle d'indifférence, laissant entendre qu'il en faudrait plus pour les impressionner. La plupart d'entre eux n'ont connu que la guerre. Comme tous les enfants, ils éprouvent un malin plaisir à tester l'autorité des adultes. Certains jettent parfois des cailloux sur nos blindés, puis s'approchent en tendant la main, l'air narquois : « Biscuits ? Biscuits ? »

Une petite foule évolue autour de Charles. Mes hommes surveillent attentivement le va-et-vient des enfants. L'un d'entre eux me propose une pastèque contre mes lunettes de soleil. Il m'observe avec malice, conscient qu'il s'agit d'un marché de dupes. J'essaie autant que possible de me montrer distant. En tant que lieutenant, il m'est déconseillé de parler ou de jouer avec les enfants : dans la culture pachtoune, de tels agissements ne sont pas dignes d'un chef. Les consignes adressées aux officiers et aux sous-officiers le précisent : « *Vous seriez considérés comme des gens sans importance par les autorités dans les villages. Les enfants ont une position subalterne dans l'organisation sociale.* » En revanche, les marsouins de ma section n'hésitent pas à plaisanter avec eux. Tout en restant vigilants : les enfants sont parfois manipulés par les insurgés, qui les obligent à collecter des informations sur nos mouvements et, dans les cas les plus extrêmes, à nous harceler. La semaine dernière, des hommes de la 2e compagnie, attaqués dans la vallée de Bedraou, ont identifié des adolescents qui leur lançaient des grenades.

Nous poursuivons notre patrouille au cœur du bazar. Charles s'attarde auprès d'un marchand de perdrix. Lorsque les talibans régnaient sur l'Afghanistan, l'élevage de ces oiseaux était interdit, sous prétexte que leurs chants troublaient les prières. Avec sa moustache et son air débonnaire, Charles noue aisément la discussion avec les commerçants. Je leur souris moi aussi, même si je dois me tenir prêt à réagir en une fraction de seconde. Ce savant équilibre entre courtoisie et vigilance exige un sang-froid constant. Tout comportement hostile ou belliqueux de ma part nuirait aux causes que défend la France dans ce pays. Nous savons que lors des patrouilles, les talibans, mêlés à la population civile, nous surveillent de près. Certains s'en cachent à peine : tant qu'ils ne sont pas armés, nous ne pouvons rien entreprendre contre eux. Ils passent devant les marsouins en comptant ostensiblement les effectifs. On apprend peu à peu à les repérer. Certains indices peuvent s'avérer utiles. Les chaussures, par exemple : nous avons remarqué que les insurgés portaient souvent des baskets sous leur *shalwar kemis.* De la même manière, quand des tennis dépassent d'une *burqa,* tout laisse penser que nous n'avons pas affaire à une paisible ménagère.

Le sergent Dragos, de la section Jaune 2, s'approche de moi, une expression soucieuse sur le visage. Ce jeune sous-officier possède de grandes qualités d'observation.

— Mon lieutenant, regardez ce type là-bas, dit-il en désignant un homme caché derrière l'arcade d'une échoppe. Il nous suit depuis un moment. Je suis sûr de l'avoir déjà vu...

Je détaille l'individu. Son visage me paraît également familier. Dragos et moi essayons de nous rafraîchir la mémoire.

— Ça y est, j'y suis ! lance-t-il. On a fouillé sa maison. C'est de son toit que nos véhicules ont été attaqués près du pont de Tagab.

L'homme en question s'éclipse à grandes enjambées. Nous lui emboîtons le pas. Il se faufile d'une allée à l'autre, finissant par se glisser dans une boutique. Je demande à Dragos de sortir son appareil photo.

— On doit se débrouiller pour avoir son portrait. Nous n'avons aucune charge contre lui. Il faut la jouer fine...

Dragos et moi nous présentons sur le seuil de la boutique, un large sourire aux lèvres. Il nous observe en feignant la surprise, comme s'il nous rencontrait pour la première fois. Je m'avance en lui tendant la main. Pris de court, il n'a pas d'autre choix que de me la serrer. Avec politesse, je ne cesse de répéter : « Je suis content de vous revoir ! » Voyant Dragos déclencher l'appareil photo, il tourne la tête. Trop tard : l'image est dans la boîte. Dès notre retour à la base, elle sera transmise aux services de renseignements. Nous saluons le marchand chaleureusement. Il nous toise les bras ballants, incrédule et dépité.

En rejoignant les autres groupes de la section, nous surprenons Charles en train d'acquérir un affreux portemanteau en cuivre. Ravi de son achat, il s'empresse de nous le montrer. « N'est-ce pas délicieux ? », demande-t-il avec son accent qui lui donne un côté vaguement aristocratique. J'acquiesce sans conviction, m'interrogeant sur ses motifs : a-t-il fait cette acquisition pour complaire aux marchands ou songe-t-il vraiment à l'accrocher dans sa maison, en Virginie ? Après s'être rassemblé sur la place du bazar, Vert 3 met le cap à l'ouest pour entamer son repli vers la base. Vert 1, sous les ordres du lieutenant Louis-Marie, ferme la marche avec le capitaine Jeff, deuxième adjoint de la compagnie. Nous sommes bientôt rattrapés par des hommes de la police afghane. On leur a signalé la présence d'une bombe aux abords du marché. Il faut envoyer un détachement sur les lieux au plus vite pour établir un périmètre de sécurité. C'est le lieutenant Louis-Marie qui s'en chargera. Lui et ses hommes font marche arrière tandis que Vert 3 poursuit sa progression vers le camp.

Au pied des *bastion walls,* nous croisons une équipe de démineurs spécialisés. Ils se dirigent au pas de charge vers le site où la bombe a été localisée. D'après les informations qui circulent sur le réseau radio, il s'agirait d'un engin volumineux et atypique. Ce n'est qu'une fois à la base, au poste de commandement de ma compagnie, que j'apprends le dénouement de l'affaire. Sur place, les démineurs ont fait une étonnante découverte : une bombe incendiaire au phosphore conçue pour l'aviation soviétique. Sans doute larguée dans les années 80, elle n'a pas explosé en touchant le sol. Les services de renseignements pensent qu'elle a été trouvée par un agriculteur qui labourait son champ. Il a déposé la bombe près du bazar, dans l'espoir que les forces françaises la trouvent et la désamorcent.

Le soir, au barbecue organisé pour l'anniversaire d'Igor, je discute de cette découverte avec Dimitri, l'un de ses chefs de groupe, comme lui d'origine russe. Une expression douce et mélancolique éclaire toujours le visage de ce sous-officier de la Légion. « Une convention internationale interdit l'utilisation des bombes incendiaires au phosphore, me dit-il. Elles peuvent faire d'affreux ravages parmi les civils… » Dimitri maîtrise parfaitement son sujet. Il s'est penché de près sur l'histoire de l'invasion soviétique. Entre deux phrases, il me confie avec pudeur que son père, un officier russe, y a participé. Il est tombé à Kandahar. En regagnant la popote de ma section, je songe que l'histoire afghane fait les choses bien curieusement : à des milliers de kilomètres de chez lui, un homme s'emploie à neutraliser des bombes larguées par l'armée dans laquelle officiait son père…

7

Quinte flush

« Mon lieutenant, sauf votre respect, ça commence à bien faire ! Hier, on était de garde, aujourd'hui en *Quick Reaction Force*, et demain, encore une mission… Quand est-ce qu'on se repose ? » Le caporal Jonathan s'adonne à ses jérémiades quotidiennes. C'est de loin l'homme le plus râleur de ma section. Je sais qu'il exécutera parfaitement les ordres, mais il faut d'abord qu'il peste. Si j'avais annoncé un jour de repos pour le lendemain, il se serait plaint de la même manière : « Relâche demain ? Ah non, notre barbecue est prévu dans deux jours, ce serait mieux à ce moment-là… » A sa décharge, il faut admettre que le rythme auquel nous sommes soumis ne laisse guère le temps de souffler. Nous devons déjà préparer une nouvelle mission qui commencera au milieu de la nuit prochaine. Une opération délicate : reconnaître les environs d'une base abandonnée à plusieurs kilomètres au sud de Tagab, dans une zone que les talibans ont semée de mines et d'IED.

Le caporal Jonathan rejoint les hommes de son groupe pour grogner plus à son aise. J'imagine sans mal ce qu'il dira : on met toujours les mêmes à contribution, il n'y a que lui qui bosse, les autres sont des « esquiveurs », des « tire-au-flanc »... L'art de râler, que la plupart des Français pratiquent avec brio, obéit dans l'armée à des règles précises et tacites. Les marsouins évitent autant que possible de se plaindre devant leur lieutenant : ils préfèrent le faire entre eux, entre camarades du même grade. Dans ce domaine, le groupe 33 du sergent Anthony décroche incontestablement la palme. Je veille moi aussi à ne pas râler ouvertement devant mes supérieurs ou mes subordonnés. C'est avec mes amis lieutenants que je laisse libre cours à mes humeurs. Il s'agit d'une précieuse soupape de sécurité, surtout dans un contexte opérationnel aussi délicat que celui de Tagab. Ces « coups de gueule », poussés à l'abri des oreilles indiscrètes, n'entament en rien le sens du devoir.

Au contraire, ils permettent de graisser les rouages de la hiérarchie et des ordres.

Pour lutter contre la pression ambiante, une autre forme d'« art » est pratiquée avec enthousiasme dans les sections : « se traquer », c'est-à-dire se charrier mutuellement. Les marsouins ont de la repartie et l'on assiste parfois à de belles joutes verbales. Tout le monde en fait les frais. L'âge de l'adjudant Magid, qui est à trente-neuf ans le doyen de Vert 3, fait souvent l'objet de plaisanteries. Dans les moments de détente, il sème lui-même des graines pour se faire « traquer » :

— Décrochez un peu de vos jeux vidéo, c'est pitoyable de rester devant vos écrans comme des plantes aquatiques… Quand j'avais votre âge, j'avais de vraies distractions…

— Ah oui ? Comme la peinture médiévale ? Vous êtes perdu dans votre siècle, mon adjudant…

Après avoir assisté au *mission brief* sur l'opération du lendemain, je passe voir l'adjudant Sébastien, le responsable du matériel de notre compagnie. Ce géant chauve au grand cœur a pour particularité de s'énerver très facilement : il devient tout rouge en un instant. Quand il est d'humeur chagrine, mieux vaut éviter de le « traquer » sur les performances de son club de foot favori, l'AS Saint-Etienne. Aujourd'hui, je sais qu'il n'y a pas lieu de s'inquiéter : ces derniers temps, l'AS Saint-Etienne a plutôt le vent en poupe dans le championnat de Ligue 1. Je ne m'étais pas trompé : je trouve l'adjudant l'âme en fête. C'est même en sifflotant qu'il me réclame la fiche « suivi matériel » de Vert 3. « J'aimerais que vous me rendiez ça sur un tableau Excel, mon lieutenant... », dit-il avant de se lancer au débotté dans une attaque en règle de l'OGC-Nice. Il juge le système défensif parfaitement lamentable... Me sentant bouillir, je préfère battre en retraite dans la zone-vie de ma section.

Le soleil est encore haut dans le ciel. La chaleur, conjuguée à l'altitude et à l'omniprésence de la poussière, entrave vite la respiration et rend chaque effort plus coûteux. J'ai l'impression que mes sens olfactifs ont perdu en acuité. En Kapisa, toutes les odeurs semblent étouffées par le goût fade et minéral des sables. Sur le camp, on sent peu de chose, sinon la sueur des corps et le relent piquant des additifs sanitaires versés dans les toilettes chimiques. Les parfums de la nature sont comme mis sous séquestre. C'est l'« haleine plate » de la poussière qui domine.

Derrière la popote, je trouve une poignée de marsouins en pleine partie de poker. C'est le caporal-chef Bernard, un Polynésien au rire contagieux, qui donne les cartes. On le surnomme « Pupu ». Il porte ses lunettes de soleil avec autant de constance que ses tatouages. Né en 1976 dans l'archipel des Gambier, Pupu est avec l'adjudant Magid l'un des hommes les plus âgés de la section. Père de trois enfants, le moral solide, il est toujours là pour soutenir les jeunes marsouins. Depuis le début du mandat, il quadrille la base à la recherche de joueurs de poker débutants, dans l'espoir de « les plumer », comme il le dit lui-même avec un large sourire. Tenant à mon avance de solde, je me garde bien de jouer avec lui.

J'interromps la partie improvisée :

— Il me faut un volontaire pour faire un tableau Excel…

Tous les regards se baissent.

— Mon lieutenant, pour ça, il faut demander au caporal Claude-Alain : il est allé à la fac ! s'écrie Pupu.

Les autres acquiescent :

— Bah, c'est vrai, après tout, c'est lui l'intello...

Claude-Alain jette ses cartes et se lève en soupirant :

— J'y crois pas, j'avais une quinte flush !

Contrairement à ce que la petite assemblée laisse entendre, plusieurs membres de ma section ont fait des études. Outre le caporal Claude-Alain, jeune Franco-Ivoirien autrefois inscrit en deug de lettres à Cergy-Pontoise, le sergent Sélim est passé par les bancs de la faculté de psychologie, à Nice. Le sergent Nicolas, quant à lui, a obtenu à l'université de Toulouse une licence de sciences et techniques des activités physiques et sportives (STAPS).

Dans l'esprit de beaucoup, le métier de militaire est synonyme d'échec scolaire, comme s'il s'agissait d'un choix par défaut. Un jour, alors que je faisais mes courses en civil dans un supermarché, un capitaine en treillis est passé devant moi ; j'ai vu une mère de famille se pencher sur son jeune fils, le doigt pointé sur l'officier : « Tu vois, si tu ne travailles pas bien à l'école, tu feras le même métier que ce monsieur... » Une autre fois, apprenant que je servais sous le drapeau français, une personne m'a demandé spontanément : « Ah ? Vous n'aimiez pas l'école ? »

Ce n'est pas parce que je me sentais en situation d'échec dans le monde civil que je me suis engagé. J'ai eu la chance de suivre de longues études. Elles se sont achevées par l'obtention d'un master en relations économiques internationales à Sciences-Po Paris. Avant dix-huit ans, comme beaucoup de lycéens, je n'avais pas d'idée précise sur le métier que je voulais exercer. Pour rester ouvert à tous les domaines, j'ai passé un bac scientifique. Dans le même esprit, je me suis inscrit à la faculté des sciences économiques de Nice, qui offrait une large palette de disciplines : cours de droit, de gestion, de statistiques ou encore d'anglais. Grâce à ce choix – qui me permettait en réalité de continuer à ne pas choisir –, je pouvais garder sous le coude deux ou trois options auxquelles je songeais vaguement : passer des concours administratifs – Instituts régionaux d'administration (IRA), Ecole nationale d'administration (ENA) – ou m'orienter vers les métiers de la finance. Ces derniers avaient le vent en poupe au début des années 2000 : ils véhiculaient l'image d'une « réussite glamour » parmi les étudiants de ma génération.

A l'université, on s'asseyait dans les amphithéâtres, on prenait des notes, et chacun repartait de son côté. Les cours m'intéressaient, j'obtenais de bons résultats, mais l'absence d'esprit de groupe et d'actions collectives m'apparaissait de plus en plus comme une lacune. Beaucoup de choses méritaient d'être améliorées dans notre quotidien : les programmes d'échange européens, la prévention contre le sida ou encore les conditions d'accès à la bibliothèque... Tous ces enjeux collectifs, essentiels à mes yeux, étaient considérés comme secondaires sur le plan universitaire : le plus important était d'obtenir son diplôme. Comme s'il s'agissait d'un complément naturel à ma formation, je me suis résolument investi dans le domaine associatif : lancement d'un journal, création d'un guide pour les étudiants, organisation d'événements...

Parallèlement, à travers les boulots d'été, je prenais mes marques dans le monde professionnel. J'ai ainsi travaillé deux mois au sein d'une agence bancaire à Nice. Pour gagner un peu d'argent de poche, mais aussi pour explorer une activité qui représentait un débouché potentiel à mes études. Un jour, je tenais le guichet ; le lendemain, on m'initiait à la gestion de portefeuilles. Certaines choses m'ont plu, comme les relations humaines, qui occupaient une place importante dans le quotidien de l'agence ; d'autres moins : « faire de l'argent », « avoir des objectifs clients », « refuser un crédit ». Peut-être s'agit-il d'une faiblesse, mais je me sentais incapable de consacrer ma vie à décevoir l'espoir des gens : le calcul permanent des risques nous obligeait à freiner leurs projets. L'été suivant, pour découvrir les métiers de la fonction publique, j'ai présenté ma candidature dans plusieurs collectivités de mon département. La mairie de Nice m'a recruté pour un mois au service des ressources humaines. J'assistais le personnel qui suivait les contrats d'insertion. Des gens en grande difficulté se présentaient à la mairie, parfois en famille, dans l'espoir de décrocher un emploi. Les agents municipaux passaient beaucoup de temps avec eux, à l'écoute, essayant d'apporter une solution à leurs problèmes. Le dévouement et la patience de ces fonctionnaires forçaient mon admiration, mais je me sentais un peu coincé derrière mon bureau. Je voulais faire le tour du monde avant d'avoir trente ans.

Tout en poursuivant mes études, je me suis penché sur deux domaines qui, pour être différents, étaient l'un comme l'autre susceptibles d'étancher ma soif d'aventure et d'engagement : l'armée et les organisations humanitaires, bien que la première option ait toujours eu ma préférence sur la seconde. Dans l'esprit de mes contemporains, j'ai conscience que cette volonté de servir les autres peut sembler suspecte. Certains se disent : « S'agit-il d'une fuite en avant ? » Ou encore : « Cet homme est-il habité par un remords ? » En vérité, je n'ai jamais eu le sentiment de faire un quelconque sacrifice. Du moins, aucun qui ne soit majeur : si j'ai pu en faire, la satisfaction que j'en attendais le rendait *in fine* négligeable. Le principe de plaisir prime en toute chose : on cherche constamment à l'augmenter à travers ses actions. Il se trouve que je m'épanouis davantage dans le cadre collectif que sur le plan individuel. Le dévouement ne relève pas simplement de l'altruisme. Il comporte lui aussi une part d'égoïsme dans la mesure où l'on en retire une certaine fierté.

Avant d'achever ma maîtrise, je me suis rendu à Paris, où se tenait un salon dédié aux métiers de l'humanitaire. Je voyais en ces professions une manière de « prolonger la paix par d'autres moyens ». Ils la prolongeaient, certes, mais ils ne suffisaient pas à l'établir. Je m'étais forgé cette opinion très jeune, en participant au conseil de discipline de mon collège. Les conflits qui opposaient les élèves dans la cour dégénéraient très vite si personne n'intervenait. Seule une autorité forte et respectée pouvait les arrêter. Hélas, le conseil de discipline était le plus souvent en retard sur les violences. Elles prenaient fin d'une autre manière, parfois sur le mot d'un écolier redoublant et costaud…

Depuis quelques années déjà, le monde de l'humanitaire avait entamé une mutation : il se professionnalisait. Les compétences primaient de plus en plus sur la bonne volonté. Dans le salon qui se tenait à Paris, je me renseignais d'un stand à l'autre : au vu de mes études, pouvais-je apporter ma pierre à l'édifice ? On m'a expliqué que les ONG recrutaient surtout dans le domaine médical pour les missions à l'étranger. Si je voulais vraiment me rendre utile, on me conseillait d'attendre :

les besoins pouvaient évoluer dans les prochaines années.

J'ai renoncé sans regrets à l'idée de m'investir dans les métiers de l'humanitaire. Je savais que mon goût pour le commandement s'épanouirait davantage dans d'autres domaines. Contrairement à ce que l'on pourrait croire, la fonction de chef n'est pas nécessairement avantageuse pour tout le monde. Il s'agit d'une inclination naturelle, dont les ressorts psychologiques sont difficiles à identifier. Claude Lévi-Strauss l'a très justement souligné dans *Tristes Tropiques*, en cherchant à saisir les attributs du chef dans la société nambikwara, qui vit sur le plateau du Mato Grosso, au Brésil : « Quelle est l'attitude du chef lui-même vis-à-vis de sa fonction ? Quels mobiles le poussent à accepter une charge qui n'est pas toujours réjouissante ? Le chef de bande nambikwara se voit imposer un rôle difficile ; il doit se dépenser pour maintenir son rang. Bien plus, s'il ne l'améliore pas constamment il court le risque de perdre ce qu'il a mis des mois ou des années à conquérir. Ainsi s'explique que beaucoup d'hommes se dérobent au pouvoir. Mais pourquoi d'autres l'acceptent-ils et même le recherchent-ils ? Il est toujours difficile de juger les mobiles psychologiques [...]. Il y a des chefs parce qu'il y a, dans tout groupe humain, des hommes qui, à la différence de leurs compagnons, aiment le prestige pour lui-même, se sentent attirés par les responsabilités, et pour qui la charge des affaires publiques apporte avec elle sa récompense. » En dernier ressort, la volonté de diriger et d'endosser des responsabilités garde quelque chose de mystérieux. Elle ne s'explique pas plus qu'elle ne se justifie. Les hommes peuvent simplement la sentir et, s'ils le souhaitent, répondre à son appel.

Ma maîtrise touchait à sa fin et j'avais conscience qu'il fallait faire un choix. L'engagement militaire demeurait pour moi l'option la plus séduisante : l'expérience du terrain, l'action collective, et surtout, le commandement des hommes. En dépit de son nom, le « métier des armes » m'apparaissait plus comme le « métier du maintien de la paix ». Je n'ai pas frappé à la porte de l'institution comme un homme crédule qui « entre parce qu'il voit de la lumière ». C'était un choix personnel et réfléchi. Il n'y avait pas de militaire dans mon entourage proche. Mon père avait simplement fait son service dans un bataillon de chasseurs alpins. Le versant sportif de l'armée lui avait plu, tout comme l'esprit de camaraderie. Il me racontait de temps à autre des anecdotes sur cette époque. Sa mère lui apportait une perruque en cachette pour qu'il puisse sortir incognito le soir. Il avait même « fait du trou » après une nuit trop arrosée. Il tirait une certaine fierté de son passage chez les chasseurs alpins, mais cela restait pour lui un « monde à part ». La culture militaire de ma famille n'allait guère au-delà d'une poignée d'anecdotes.

C'est pourtant par fidélité aux valeurs de mon éducation que j'ai choisi de m'engager. Ma mère a voué une grande partie de son temps à la formation de la jeunesse, comme institutrice, puis comme professeur des universités. Mon père cultivait le même sens du dévouement. D'abord instituteur et éducateur spécialisé, il s'est ensuite consacré aux Niçois en tant qu'adjoint au maire délégué aux affaires culturelles, conseiller régional ou encore sénateur suppléant. Ils m'ont tous deux transmis leur vocation pour le service de l'Etat. Je l'ai poussée jusqu'à sa dernière extrémité en acceptant d'être prêt à donner ma vie pour les intérêts de la patrie. Il s'agit d'une interprétation personnelle – et sans doute aventureuse – des valeurs familiales. Ces mêmes valeurs auraient pu me conduire à d'autres métiers. Le parcours de ma sœur Audrey, de trois ans ma cadette, en témoigne : elle est aujourd'hui chef de projet au sein d'une entreprise monégasque de communication.

A vingt et un ans, quelques mois avant de finir ma maîtrise, je me suis présenté au centre de recrutement de l'armée de terre (CIRFA* Terre). Je me sentais attiré par l'infanterie. L'aspect technique de l'armée de l'air m'enthousiasmait moins. Quant à la marine, je n'y songeais pas, n'ayant jamais été très à l'aise sur un bateau… J'ai exposé mes motivations aux agents du CIRFA. Après avoir étudié mon parcours universitaire, ils m'ont conseillé de présenter ma candidature l'année suivante, avec un niveau bac + 5. Mon dossier m'ouvrirait alors des perspectives plus intéressantes. Lorsque j'ai été retenu en master à Sciences-Po Paris, mon choix pour l'année suivante était déjà arrêté.

Au sein de Vert 3, mes études peuvent paraître longues, mais elles n'ont rien d'exotique.

En dehors de ceux qui sont passés par l'université, la section compte plusieurs bacheliers. Les autres ont suivi des parcours très variés, parfois inattendus. Pupu est un ancien chercheur de perles, Mickaël a un bac pro de maintenance des véhicules automobiles, Magid est titulaire d'un CAP électrotechnique… Pour eux, les perspectives d'évolution restent ouvertes. Dans l'armée, une personne diplômée du brevet des collèges peut accéder à des niveaux de responsabilité élevés, en devenant sous-officier, puis officier. Si mes hommes prennent un malin plaisir à « se traquer » sur leurs études respectives, chacun a conscience que la diversité des expériences fait la richesse de notre section.

Par les cursus qu'elle réunit, Vert 3 va à l'encontre des clichés parfois véhiculés dans le monde civil à propos des militaires : une bande d'écervelés qui appliquerait les ordres sans se poser de questions. Par goût de l'autodérision, plus répandu qu'on ne le pense dans l'armée, des histoires drôles circulent entre nous à propos de ces idées reçues. Les légionnaires en sont friands : étant soumis à une discipline très stricte, on les accuse injustement d'« atrophie réflexive ». Le sergent-chef Igor, sous-officier de Légion, m'a ainsi raconté une blague taillée sur mesure pour le théâtre afghan. Un client se présente dans une boutique au bazar de Tagab. Plusieurs cervelles sont exposées sous cloche, une étiquette indiquant le prix de chacune d'entre elles. La plus grosse coûte dix mille dollars.

— C'est la cervelle d'un ingénieur très intelligent, explique le marchand.

La plus petite affiche un tarif exorbitant : cinquante mille dollars.

— Pourquoi cette cervelle minuscule est-elle si chère ? demande le client.

— C'est celle d'un légionnaire, rétorque le commerçant.

— Et alors ?

— Elle est toute neuve, elle n'a jamais servi…

Cette histoire, et surtout la position de celui qui la raconte, en dit beaucoup : l'ironie n'est-elle pas l'un des attributs les plus précieux de l'intelligence humaine ?

8

De l'imam au padre

Il est dix-huit heures et une longue file s'aligne déjà devant l'« ordinaire ». Le réfectoire accueille chaque soir huit cents personnes par roulement. Tenir son plateau-repas dans la cohue relève du numéro d'équilibriste, d'autant que le règlement nous oblige à porter notre Famas en permanence : même dans l'enceinte du camp, on ne sait jamais ce qui peut arriver. Toute la nourriture de l'ordinaire est acheminée depuis la France, excepté le pain afghan sans levain (*nan*) et quelques fruits provenant du marché local. Un convoi nous approvisionne chaque mois au départ de Kaboul, situé à quatre-vingts kilomètres au sud-ouest de la base. Les menus ressemblent à ceux qui nous sont servis à Fréjus, à une différence près : en vertu du contexte opérationnel délicat, un supplément de trois euros est consenti sur chaque repas. Face à la vigueur de la menace talibane, on ne peut se permettre de sombrer dans la déprime alimentaire… Les plats ont l'avantage d'être variés : steaks d'autruche, pavés de saumon ou encore cannellonis. Près du bac à couverts, un grand bol offre des comprimés de doxycycline : des cas de paludisme ayant été signalés, nous sommes tenus, sur ordre du médecin-chef, le lieutenant-colonel Xavier, de suivre un traitement.

Avant de m'asseoir dans le réfectoire, je fais des réserves de pain afghan. Un réflexe que partagent tous les marsouins à la veille d'une opération : chacun se prépare des « sandwichs artisanaux » pour le lendemain. En mission, nous n'avons pas le temps de réchauffer les rations alimentaires. Nous cherchons également à limiter le poids de nos sacs à dos. On se contente souvent d'un jambon-beurre et de barres de céréales. Les rations de l'armée s'améliorent d'une année à l'autre, mais leur variété dépend de l'approvisionnement. Lorsque les convois sont peu fréquents, elles peuvent vite devenir répétitives. Comme tous mes camarades, je connais par cœur le contenu de ces boîtes rectangulaires en carton. Au hasard, le menu n° 3 : navarin d'agneau ; canardolives-pommes de terre ; fromage fondu, biscuits de campagne ; nougat ; pâte de fruits ; chocolat à croquer ; caramel. Un kit – une lamelle métallique et des pastilles inflammables – nous permet de réchauffer les plats cuisinés. Les rations de combat individuelles réchauffables (RCIR) perçues sont stockées dans la salle popote des sections. Chaque blindé dispose également d'une réserve pour quarante-huit heures, afin de faire face à toute éventualité. Les marsouins ont pris la mauvaise habitude de piller les boîtes : ils prélèvent les pâtes de fruits et les caramels, puis les referment. Or, pour pouvoir en commander de nouvelles, il faut que l'on sache combien ont été consommées. Dans notre section, le pillage des RCIR fait le désespoir de l'adjudant Magid, qui aime que les choses soient bien « carrées ». Il pousse de temps à autre des coups de gueule mémorables pour rappeler les consignes.

Dans la grande salle de l'ordinaire, les marsouins prennent place selon leurs affinités personnelles, pas nécessairement par ordre de grade. En théorie, pour s'asseoir à côté d'un supérieur, il faut y être convié. Mais cette règle n'a rien d'inflexible. Il arrive aussi que nous emportions les plateaux dans la zone-vie de notre section, ou celle d'un ami, pour dîner dans un cadre plus intime. Ce soir, le colonel Michel de Mesmay, notre chef de corps – que les marsouins appellent entre eux par son indicatif, « Hermès » –, est seul à table, le regard absent. Il salue de temps à autre un soldat, mais on le sent absorbé dans ses réflexions. Sans doute songe-t-il à l'opération du lendemain : la reconnaissance du « COP Sherkhel », ce poste de combat abandonné au sud de la vallée. D'immenses responsabilités pèsent sur ses épaules. Le destin de huit cents hommes est entre ses mains.

Je m'assois près des cadres de ma section : l'adjudant Magid, les sergents Anthony, Nicolas et Sélim. En bout de table, quelques caporaux de Vert 3 « se traquent » bruyamment. Ils se moquent de leur camarade Eddie, qui s'est épilé les avant-bras.

— Avec ton système pileux débordant, tu as bien raison : il faut discipliner la fourrure !

— Je suis un homme, moi, un Italien... Vous apprendrez peut-être un jour le sens profond de la virilité.

Cela peut sembler curieux, mais au fin fond des vallées afghanes, les militaires mettent un point d'honneur à entretenir leur apparence physique : séances de musculation, de coiffure, d'épilation... parfois même de bronzage, dans les moments de détente. Il ne s'agit pas de se mettre en avant auprès des femmes : on en compte une dizaine à peine parmi les huit cents hommes de la base. Soigner sa mise est surtout un moyen, fût-il symbolique, de garder un lien avec le monde extérieur.

Le caporal Eddie a le sens de la rhétorique : il retourne chaque plaisanterie à son avantage. Ses camarades finissent par renoncer à leurs sarcasmes. Ils préfèrent aborder un sujet plus savoureux : les rumeurs. Elles courent sur une fréquence baptisée « Radio Marsouin ». Le vrai et le faux s'y mêlent dans des proportions très variables, avec plus ou moins de bonheur.

— Vous savez ce qu'on a trouvé sur le téléphone portable d'un insurgé ? demande un caporal en ménageant son effet. Des vidéos zoophiles ! Et il y en avait plusieurs, avec des animaux différents... Quand je vois les talibans faire la morale en matière de religion, franchement, ça me fait bien marrer...

Profitant du silence atterré de ses camarades, un autre marsouin prend le relais :

— Hier, la 2e compagnie est tombée sur un document ultrasecret en fouillant une ferme dans la vallée de Bedraou. On m'a dit que c'était une liste des chefs d'Al-Qaida, avec des coordonnées précises…

— Quel gros mytho ! lance Eddie. Tu crois que les chefs d'Al-Qaida vont gentiment noter leur numéro de téléphone sur une feuille ?

— Et comment ils font pour se joindre ? Demande au chef de corps si tu veux, il est là-bas, au fond de l'ordinaire.

Un miaulement monte soudain des parois du réfectoire, près de la table où nous sommes assis. Un sergent colle son oreille contre le mur.

— C'est un chaton qui est bloqué entre les tôles…, dit-il avec une expression exagérément sérieuse, comme s'il était un spécialiste du sujet.

Les marsouins rient mollement. Ces cris de détresse les mettent mal à l'aise. Un silence gêné tombe peu à peu sur les tables. On n'entend plus que les miaulements répétés du chaton. Cette litanie a quelque chose d'inquiétant, comme si chacun y voyait un mauvais présage. Un trille de douleur. Etrange spectacle que celui d'une centaine d'hommes en uniforme, Famas à portée de main, tétanisés par les miaulements d'un petit chat. Tout le monde se tait, visage inquiet, à l'affût de cette rumeur. Un caporal de la 2e compagnie se lève.

— J'ai été pompier dans le civil, fanfaronne-t-il en sortant du réfectoire, j'en fais mon affaire.

Il parvient à libérer le chaton, mettant fin au malaise général. Les discussions reprennent d'un coup.

Quelques minutes plus tard, un inconnu en treillis fait son entrée dans l'ordinaire. Il embrasse la foule d'un regard, puis s'avance vers Hermès pour le saluer. L'uniforme d'un militaire fait souvent office de carte de visite : à condition de savoir le décrypter, on peut retracer tout le parcours de celui qui le porte. Cette fois-ci, je sèche un peu. La tenue de cet homme livre peu d'informations : je sais qu'il est dans l'armée de terre, mais je ne parviens pas à distinguer son grade sur sa poitrine. Il vient s'asseoir à notre table. A peine installé, il me tend la main : « Bonjour mon lieutenant, je suis Khérédine, l'aumônier musulman. » Il est arrivé à Tagab ce matin depuis la base de Tora, en Surobi.

Khérédine m'inspire immédiatement confiance. Il a le regard franc, lumineux, et répond sans ambages aux questions qu'on lui pose. L'aumônerie pour le culte musulman est une création récente au sein de l'armée : elle n'existe que depuis 2005, s'ajoutant à celles des catholiques, des protestants et des juifs. En vertu des principes républicains français, il n'existe pas de statistiques officielles sur l'opinion religieuse des militaires. Je ne peux me faire une idée qu'à l'échelle de ma section, qui n'a sans doute rien de représentatif : sur trente hommes, huit sont catholiques, quatre musulmans, deux protestants et un juif. Fait plutôt rare : l'un de mes marsouins, le caporal-chef Cédric, originaire de Strasbourg, s'est converti récemment à l'islam. Dans le quartier où il a grandi, un grand ensemble de la capitale alsacienne, tous ses amis étaient de confession musulmane. Ayant baigné pendant toute son enfance dans cette culture religieuse, il a décidé d'y souscrire sur le tard.

Quant à moi, j'ai fait mon baptême et ma communion : pour l'essentiel, mes rapports à l'Eglise catholique s'arrêtent là, comme pour la plupart des gens de ma génération. A une exception près : mon parrain et cousin germain, Jean-Laurent, qui est devenu prêtre. Il exerce aujourd'hui son ministère entre la Corse et la Sardaigne. Son départ pour le séminaire, à l'époque, m'avait troublé. Pendant toute une année, je n'ai pas pu le voir. Je n'étais qu'un enfant. Je me sentais abandonné et j'en voulais à l'Eglise. On ignore bien souvent qu'outre le vœu de célibat, l'engagement des prêtres implique de nombreux sacrifices familiaux. Il les oblige à s'absenter pour de longues périodes. Adolescent, je ne comprenais pas le choix de Jean-Laurent. Aujourd'hui, c'est lui qui s'inquiète de ma vocation…

Mes amis lieutenants Mitch, Louis-Marie et Alban se rendent souvent dans la petite chapelle aménagée au sein de la base, en particulier quand des opérations délicates se préparent. L'aumônier catholique de notre régiment, que nous surnommons affectueusement le « padre », y donne des offices. Je suis heureux qu'il soit avec nous à Tagab. Je l'apprécie beaucoup pour ses qualités d'écoute et de conseil. Les marsouins se confient à lui. Il a baptisé les enfants de plusieurs d'entre eux. Le « padre » n'en est pas à sa première expérience dans ce pays. En 2001, il a ouvert le théâtre afghan dans les rangs du 21e RIMa.

Khérédine participera demain à notre opération près de la base abandonnée. Il espère prendre le pouls de la population locale. Sa présence sera utile à plus d'un titre : d'abord pour nos troupes, ensuite pour les civils afghans – auxquels les talibans répètent constamment que nous sommes des « infidèles » et des « croisés ». Ils sauront ainsi que les forces françaises comptent des musulmans dans leurs rangs et qu'un imam est là pour les accompagner dans leur foi.

A Tagab, quels que soient les sentiments religieux des uns et des autres, nous éprouvons tous une sorte d'« urgence spirituelle ». Face à la mort, qui rôde dans les venelles de la zone verte, on s'interroge nécessairement sur le jeu du hasard et de la nécessité. Ou encore sur l'existence d'un au-delà : de l'autre côté du *wadi*, là où s'ouvrent les vallées d'Alah Say et Bedraou, chacun d'entre nous peut basculer sans retour dans un gouffre insondable. Le néant ou le début d'un autre monde ? Dans cette perspective, on interprète différemment les signes du quotidien. Certains voient des présages partout. D'autres s'attachent à des symboles religieux qui n'avaient jusqu'ici aucune importance pour eux. Dans ma section, un caporal qui revendique son athéisme emporte un chapelet en mission. De même, un marsouin de Vert 1 garde toujours sur lui une médaille miraculeuse, sans se soucier du message de la Vierge qui y est associé. Le caporal-chef Franck du bataillon cynophile, quant à lui, s'est créé un petit temple dans sa chambre pour répondre à son besoin de spiritualité : une bougie, des photos de ses enfants et quelques icônes cueillies au hasard de son cœur. « Je m'assois de temps à autre devant cet "autel fait maison", explique-t-il, et je prie Dieu à voix basse, en me foutant de savoir quelle est sa religion. Je m'adresse à lui directement. Je lui demande de nous garder en vie, mes camarades et moi. Je lui parle de mes enfants, je lui dis que je veux les revoir… »

Lorsque j'ai franchi le pas de l'engagement, j'acceptais l'idée de donner ma vie pour défendre celle de mes concitoyens. Les personnes chargées du recrutement au sein de l'armée insistent beaucoup sur ce point –

vital s'il en est –, et invitent les candidats à bien prendre la mesure de leur geste. Je me rends compte aujourd'hui combien il est difficile de le faire quand on est loin du terrain et des tirs ennemis. En 2003, au terme de mes études, lorsque je me suis présenté à Paris au Centre d'information et de recrutement des forces armées (CIRFA), j'étais prêt en théorie à mettre ma vie en péril. J'avais bien réfléchi depuis ma dernière visite auprès de cet organisme, l'année précédente. J'étais sûr de mon choix. Ma seule crainte, à ce moment-là, était que ma candidature ne soit pas retenue... J'ai poussé la porte du CIRFA avec l'angoisse de l'étudiant qui s'apprête à passer un grand oral. Etais-je habillé convenablement ? N'aurais-je pas dû enlever ma gourmette et ma montre en argent ? Après avoir étudié mon dossier, on m'a montré des vidéos présentant les activités de l'armée de terre. Les choses se sont plutôt bien passées. J'ai simplement essuyé quelques remarques sur la « quincaillerie » que je portais aux poignets. On ne réinvente pas les Niçois en une journée...

Un lieutenant-colonel m'a reçu pour tester ma motivation. Il voulait s'assurer que je n'étais pas un hurluberlu qui avait cédé à un coup de tête : « Etes-vous prêt à vivre loin de vos proches ? Avez-vous une petite amie stable à laquelle vous tenez ? Est-ce que notre institution correspond vraiment à ce que vous recherchez ? » J'avais longuement étudié la question. En comparaison des autres métiers, l'armée m'offrait la meilleure promesse d'épanouissement. Je venais d'achever mon mémoire à Sciences-Po. A vingt-deux ans, sans amoureuse fixe, je voulais voyager et surtout conjuguer ma vie au pluriel, avec les autres, dans l'intensité. Ce jour-là, au CIRFA, je me sentais à proprement parler surmotivé. Ce serait l'armée ou rien. « Et votre vie ? a ajouté le lieutenant-colonel. Vous semblez beaucoup l'apprécier. Vous serez peut-être amené à la donner pour la réussite d'une mission. » J'en avais parfaitement conscience, mais cette éventualité me paraissait abstraite. A cette époque, Tagab était encore une base américaine...

9

L'homme au Dragunov

On les surnomme « omelettes » en vertu de leur acronyme : OMLT* (*Operational Mentoring & Liaison Team*). Leur mission consiste à instruire et conseiller l'armée nationale afghane (ANA). Ces militaires détachés par la coalition jouent un rôle essentiel sur le « théâtre ». Les compétences qu'ils sèment sur leur chemin sont indispensables au rétablissement de la paix. Quand le dispositif de l'OTAN se retirera, les forces afghanes assureront seules la sécurité du pays. A terme, la coalition espère ainsi former cent soixante-dix mille soldats. Deux équipes d'« omelettes » officient dans le camp de Tagab. Ils participent aux mêmes missions que nous, mais dans les rangs du *kandak* (bataillon) afghan. Nous sommes constamment en liaison avec eux sur le terrain.

Aujourd'hui, près de Sherkhel, c'est avec l'équipe d'« omelettes » du capitaine Cheikh que je suis en contact. Cet officier est déjà à Tagab depuis quatre mois. Son expérience nous est précieuse. L'accent du capitaine Cheikh, qui est d'origine africaine, apporte une ambiance conviviale sur le réseau radio. Je suis heureux d'entendre sa voix ce matin. Elle a quelque chose de rassurant au moment où je m'engage dans une zone qui m'est inconnue. Les talibans sont très actifs dans le sud de la vallée, où se trouve l'ancien poste de combat (COP, *Combat Outpost*). Ils redoublent d'efforts pour nous empêcher de prendre ce verrou stratégique. L'enjeu est de taille. Dans ce secteur, le contrôle de l'axe principal permettrait aux forces françaises de relier leurs deux groupements tactiques : celui de Kapisa, au nord, et celui de Surobi, au sud.

Pour décourager toute avancée, les insurgés ont minutieusement piégé le terrain. Avant même d'avoir rallié le poste abandonné, les sapeurs mettent la main sur deux IED. Aux abords de Sherkhel, ils découvrent un câble électrique sur le bas-côté de la route, qui laisse présager la présence d'un troisième engin explosif. Impossible d'avancer avant d'en avoir le cœur net. Je sécurise la route pour permettre aux spécialistes d'intervenir. Au bout d'une dizaine de minutes, une détonation sourde retentit au milieu du dispositif. Un message tombe sur le réseau, annonçant une nouvelle tragique : au cours de l'inspection, l'IED s'est déclenché, blessant très grièvement un sergent-chef du 13e régiment du génie. Nous sommes tous frappés de stupeur. J'éprouve un sentiment d'impuissance, mais aussi d'indignation. Les insurgés ont utilisé l'« arme du lâche » avec un machiavélisme achevé : l'engin était doublement piégé avec une grenade.

Les sections tentent de se ressaisir au plus vite. La population civile montre des signes de nervosité, annonçant une attaque imminente des insurgés. De l'autre côté du *wadi*, des femmes et des enfants s'échappent de la vallée de Bedraou à grandes enjambées. Les paysans rassemblent leurs bêtes pour les mettre à l'abri. Nous savons ce que ces mouvements signifient : les villageois ont vu arriver les insurgés. Des familles entières fuient leur maison. Elles traversent la rivière pour se réfugier derrière les ruines qui bordent l'axe principal. Sans grand espoir, je demande à notre interprète afghan de les interroger. Il s'entretient un court moment avec eux, puis revient vers moi : « Un fort contingent de talibans est en train d'investir leur village… » La population locale n'emploie jamais le terme « insurgés ». L'OTAN l'emploie dans un souci de précision : au-delà des talibans, il inclut les mercenaires, les trafiquants d'armes, les membres d'Al-Qaida ou encore tous les Afghans qui les aident ponctuellement contre finances.

Les soldats de l'ANA et les « omelettes » du capitaine Cheikh sont positionnés face au sud. Ma section est déployée face à l'est. Les groupes des sergents Nicolas et Sélim sont alignés sur la route. Celui du sergent Anthony s'est scindé en deux éléments : l'un avec l'adjudant Magid, l'autre en surplomb. En hauteur, nous disposons d'une vue large sur la zone verte, mais en cas de tirs cette position nous laisse à découvert. Le caporal Esteban installe son poste Eryx. Ce missile, qui doit son nom à un serpent des sables réputé pour son agilité, est la plus grande puissance de feu qu'un fantassin puisse débarquer. Compact et précis, l'Eryx est capable de détruire un char sur une portée de six cents mètres.

D'après les villageois, une cinquantaine d'insurgés seraient rassemblés de l'autre côté du *wadi*. Un désert humain s'étend désormais entre Sherkhel et la vallée de Bedraou. Les étendues se dépeuplent, comme dans les instants qui précèdent un orage. Seul un enfant d'une dizaine d'années continue à jouer au cerf-volant sur la terrasse d'une ferme. A-t-il conscience du danger ? Son insouciance a quelque chose d'irréel. On a le sentiment qu'il nargue à lui seul toutes les puissances de la guerre, portant haut et fier son message : « Rien ne m'empêchera de jouer... » Je me laisse hypnotiser par les mouvements de son cerf-volant, qui donnent soudain une étrange légèreté au risque ambiant. Il tourne dans un ciel bleu et profond. L'azur touranien semble pouvoir aspirer l'âme en une fraction de seconde si l'on n'y prend pas garde. Plus bas, les noyers et les amandiers déroulent leur fourrure émeraude sur la combe de Bedraou. Dans le silence et l'immobilité, la zone verte est aussi belle que vénéneuse.

Les premières rafales s'abattent sur nos positions. Des tirs de kalachnikov, dont on reconnaît immédiatement le clapotement sec et aigu. Cette rumeur, devenue familière, nous poursuit parfois jusqu'au fond de nos rêves. Sur les hauteurs dénudées, nous sommes « dans l'axe », exposés au feu des talibans. J'entends des balles siffler juste au-dessus de ma tête. Nous ne disposons que d'une butte de sable pour nous abriter. Les tirs font exploser des blocs de schiste autour de nous. Cachés dans les vergers, les insurgés nous traquent comme du gibier. Quelques détonations isolées indiquent qu'il y a un tireur de précision parmi eux, sans doute équipé d'un Dragunov, fusil conçu à l'origine pour les snipers soviétiques. Il a jeté son dévolu sur l'adjudant Magid, qui est posté à une centaine de mètres de moi, derrière un mur en angle. Les balles l'encadrent de plus en plus près.

En contrebas, les deux autres groupes de ma section répondent par des tirs indirects avec leurs lance-grenades individuels. Le sergent Anthony m'informe qu'il est en mesure de déclencher un missile Eryx. Il a repéré une ferme en ruine abritant des éléments insurgés. Il attend mon feu vert. Je n'ai pas le pouvoir de prendre cette décision seul. Etant donné la puissance de cette arme, je dois obtenir l'autorisation de mes supérieurs. Je fais une requête sur le réseau radio. Le tir m'est rapidement accordé. Le missile est mis à feu. Nous suivons sa trajectoire dans les airs : quelques secondes qui s'écoulent comme des heures. Il survole le *wadi* et s'abat sur le mur de la ferme abandonnée : but. Un champignon de fumée grise s'élève des ruines, rapidement dispersé par le vent. L'Eryx a calmé le feu ennemi, nous offrant un moment de répit.

Mais au sud, la pression s'accroît sur le *kandak* et les « omelettes ». Les soldats afghans répliquent avec vigueur. Ils utilisent les mêmes armes que l'ennemi, à l'exception du fusil d'assaut américain M16, qui remplace les kalachnikovs, leur procurant un avantage de taille. Dans les rangs de l'ANA, comme chez les insurgés, il y a sans doute d'anciens moudjahidines. Combattant hier les Soviétiques côte à côte, ils s'affrontent aujourd'hui de part et d'autre du *wadi*. Les Russes ont emporté un souvenir amer de la Kapisa. Ils n'ont jamais réussi à contrôler les vallées d'Alah Say et de Bedraou. « On peut écraser l'Afghanistan, non le conquérir », affirmait un officier russe. Après le retrait des Soviétiques, la province a encore connu de nombreux affrontements.

Dans les années 90, le commandant Massoud, le « Lion du Panshir », a pris Tagab au Hezb-e-Islami, parti dirigé par Gulbuddin Hekmatyar. Ce fanatique pachtoun, prônant une idéologie violemment antioccidentale, apporte aujourd'hui son soutien à Al-Qaida. Il a notamment revendiqué l'embuscade qui a coûté la vie à dix soldats français en août 2008, dans la vallée d'Uzbin, à une quinzaine de kilomètres au sud de notre position actuelle.

Le *kandak*, dangereusement exposé, rend la monnaie de chaque tir. Depuis le début du mandat, la bravoure des soldats afghans fait notre admiration. Ils enchaînent les missions sans répit, luttant pour retrouver la maîtrise de leur destin. La plupart d'entre eux ne sont pas originaires de Kapisa. Une précaution des autorités afghanes : loin de chez eux, les militaires n'exposent pas leurs familles à d'éventuelles représailles. Il y a une autre raison : dans une région qui ne leur est pas familière, les soldats se laissent moins facilement tenter par la corruption. Le *kandak* qui vit à nos côtés sur la base de Tagab regroupe ainsi des ethnies très diverses : des Pachtouns bien sûr, mais aussi des Tadjiks, des Ouzbeks, des Hazaras ou encore des Aymaqs. Un détail me frappe toujours chez les soldats de l'ANA : leur âge demeure un mystère. J'ai récemment fait la connaissance d'un capitaine sur le camp, auquel je donnais une cinquantaine d'années : il en avait trente à peine... L'effet du soleil afghan qui cautérise toute chose ? Les conditions de vie éprouvantes ? Ou l'inquiétude permanente suscitée par la guerre ? Peut-être tout ça à la fois. En seulement un mois, les troupes françaises semblent elles aussi avoir pris un coup de vieux. Sans doute pour des raisons identiques : la fatigue, la canicule, le danger. Lorsque le conflit prendra fin, il n'est pas impossible que chacun d'entre nous retrouve sa jeunesse...

Sur le réseau, j'entends le lieutenant Louis-Marie, déployé plus au nord, demander un appui mortier. « Vert 1 essuie des tirs très précis », indique-t-il en transmettant les coordonnées des positions ennemies. Le commandement accède à sa requête. Deux coups sourds et profonds vibrent au loin, depuis la base de Tagab. Les obus s'abattent avec précision sur le lieu indiqué, saturant la place d'une fumée opaque. La pression se relâche momentanément sur les marsouins de Vert 1. Régulièrement, afin d'éviter les dommages collatéraux, les Français n'envoient pas directement des charges explosives sur leurs cibles : pour ajuster au mieux les frappes, ils lancent d'abord des projectiles ne contenant que des fumigènes. Ces tirs ont toutefois un inconvénient : ils compromettent tout effet de surprise.

Les talibans cessent le feu pour se redéployer. Dans la vallée de Bedraou, leurs actions sont bien coordonnées. C'est le mollah Mahmoud, un chef local, qui les orchestre. On nous montre régulièrement sa photo lors des *mission briefs*. C'est un homme assez jeune. Il occupe une position mineure au sein de la hiérarchie talibane. Trois ou quatre chefs de guerre officient au même niveau que lui à Bedraou. Leurs opérations dépendent d'une autorité supérieure : un responsable chargé de toute la province de Kapisa, qui est sans doute basé au Pakistan. On sait qu'il vient de temps à autre tancer les troupes lorsque leurs activités se ramollissent.

Si le mollah Mahmoud est un petit chef, il fait preuve d'une singulière capacité de nuisance : il met souvent en place des attaques simultanées. Il n'est pas rare d'entendre les marsouins commenter ses actions : « Ils sont loin d'être cons, ces talibans ! » Pourtant, à l'exception de quelques éléments venus du Pakistan, les insurgés ne disposent pas d'une formation militaire solide. Ils profitent toutefois d'un avantage non négligeable : le devoir d'hospitalité, considéré comme sacré par les habitants de la région. Le *pachtounwâli*, droit coutumier ancestral, recommande d'accueillir et de protéger toute personne qui se présente, même s'il s'agit de son pire ennemi. C'est d'ailleurs en vertu de cet impératif que les talibans ont refusé en 2001 de livrer Oussama Ben Laden aux Américains. S'ils profitent de cette hospitalité, les talibans de Bedraou et d'Alah Say n'en sont pas moins accablés de fatigue : ils marchent durant de longues heures, se nourrissent frugalement et dorment chaque soir dans des fermes différentes. Malgré ces conditions précaires, ils se montrent très déterminés. Aveuglés par leur fanatisme, les insurgés attachent peu de prix à la vie, celle des autres comme la leur. Baignant dans le culte des martyrs (*chahid*), la plupart d'entre eux ne craignent pas de mourir. Nous n'éprouvons aucune forme d'admiration pour ces hommes déloyaux, qui se servent de la population civile comme d'un bouclier.

Après une courte période d'accalmie, Vert 3 est à nouveau « au contact ». Plusieurs roquettes RPG étrillent nos positions, tombant entre mes hommes et les véhicules blindés. Comme le lieutenant Louis-Marie un peu plus tôt, je demande à mes supérieurs un appui mortier. « Accordé, me répond-on, mais à une seule condition : risque zéro pour la population. » Nous avons précisément localisé la provenance des tirs : aucun dommage parmi les civils n'est à craindre. Quelques secondes plus tard, les obus de 120 mm font mouche. Les rafales de kalachnikov s'apaisent, mais un tir précis, un seul, se poursuit par à-coups. C'est le tireur de précision taliban, l'homme au fusil Dragunov. Il prend d'abord pour cible le chef du détachement du génie, touché superficiellement par des éclats de balle ; un infirmier afghan lui apporte vite des soins. L'un de ses pilotes, heureusement protégé par des vitres blindées, se retrouve bientôt dans l'axe. C'est enfin l'adjudant Magid qui est visé. Un tir s'abat à quelques centimètres de ses pieds : même derrière l'angle du mur qui le protège, il reste dans l'axe du Dragunov. Je sens flotter autour de moi l'odeur graisseuse de la poudre ; je sais d'ores et déjà que cette vapeur tenace me poursuivra jusque dans mon lit : même une longue douche ne parvient pas à l'effacer.

Le caporal Pascal, tireur de précision du groupe 33, nous indique qu'il a repéré la position du sniper. L'éclat de son arme sous le soleil l'a trahi : il est situé à une distance d'environ cinq cents mètres, derrière un muret de la zone verte. Le marsouin ajuste son FR-F2, fusil à la fois rustique et précis. Il fait feu. On aperçoit furtivement l'impact, trop bas par rapport à la cible. L'homme au Dragunov a disparu. A défaut d'être touché, il a au moins été délogé. Nous félicitons le caporal pour son action. Ce n'est pas la première fois que ce jeune Niçois, ancien cuisinier, nous fait profiter de ses qualités. Il a du sang-froid et l'esprit d'équipe. Sensible et réfléchi, c'est le plus grand lecteur de Vert 3 : il dévore deux bouquins par semaine...

La nuit va bientôt tomber. Un hélicoptère Tigre, venu de Nijrab, passe au-dessus des positions ennemies. Le pilote n'hésite pas à voler au plus près de la zone verte pour décourager les dernières velléités offensives des talibans. Tout comme les OMLT et les soldats de l'ANA, je prépare le retrait de mes hommes. Les

Devant le fameux pont de Mitrovica, je raconte à ma compagnie les combats de Bazeilles (épisode héroïque de l'histoire des troupes de marine), lors de ma première mission, au Kosovo, en 2008.

Entraînement au contrôle de foule sur le théâtre kosovar.

Intervention dans un camp de clandestins en forêt profonde (Guyane, 2009).

Le sergent Nicolas dans la mangrove.

Le poste de contrôle fluvial « Providence » empêche le ravitaillement des orpailleurs illégaux.

Reconnaissance génie sur l'axe Tagab-Nijrab (Afghanistan 2010).

Le journaliste Alexandre Kauffmann m'accompagnant en opération dans la vallée d'Alah Say.

La vallée d'Alah Say et sa zone verte.

Les véhicules blindés à haute mobilité en déplacement vers le sud de la Kapisa.

Ma section : VERT III.

Mes frères d'armes morts pour la France

Le lieutenant Lorenzo MEZZASALMA

Extrait de sa citation à l'ordre de l'armée :
« Le 23 août 2010, au cours de l'opération "Hermes Burrow", a été pris sous les feux d'éléments insurgés alors qu'il participait à la couverture du dispositif déployé.
A été mortellement blessé en voulant sauver la vie d'un de ses camarades. »

Le sergent-chef Laurent MOSIC

Extrait de sa citation à l'ordre de l'armée :
« Le 6 juillet 2010, au cours de l'opération "Hermes south cross", pendant que son détachement effectuait une reconnaissance de l'axe Vermont, a décelé un engin explosif improvisé. Alors qu'il sécurisait la zone, est grièvement blessé par l'explosion de l'engin. Est décédé des suites de ses blessures le jour même à l'hôpital militaire de Kaia à Kaboul. »

Le caporal Jean-Nicolas PANEZYCK

Extrait de sa citation à l'ordre de l'armée :
« Le 23 août 2010, au cours de l'opération "Hermes Burrow", a été pris sous les feux d'éléments insurgés alors qu'il participait à la couverture du dispositif déployé.
A été mortellement blessé au cours de cette action. »

marsouins se sentent usés. Ces quelques heures se sont écoulées avec une lenteur corrosive. En revenant vers la base, nous voyons les habitants de la vallée de Bedraou retraverser le *wadi.* Ils sont restés toute la journée tapis derrière des ruines. Les femmes et les enfants regagnent calmement leur foyer... Le bleu sourd des *burqa* se détache nettement sur la végétation. Il n'y a aucune précipitation dans leurs mouvements. Tout juste de la lassitude. Près de la rivière, j'aperçois à nouveau l'enfant au cerf-volant. Il profite des derniers éclats du soleil.

10

Dans l'éternité

Le colonel Michel de Mesmay, notre chef de corps, est un amoureux de la langue française. Le soir, on le voit parfois traverser le camp en récitant du Baudelaire à ses gardes du corps :

Un éclair... puis la nuit ! – Fugitive beauté
Dont le regard m'a fait soudainement renaître,
Ne te verrai-je plus que dans l'éternité ?

Il sonde de temps à autre les compétences linguistiques de ses hommes. Les questions tombent au débotté, dans un mélange de malice et d'autorité, sans qu'on s'y attende :

— Barthe, quels sont les mots de la langue française qui changent de genre au pluriel ?

— Amour, délice, et..., je crois que c'est tout, mon colonel.

— Il vous manque le mot « orgue », Barthe.

— Bien, mon colonel.

Aujourd'hui, les quiz et les jeux de mots ne sont plus d'actualité. Nous avons juste besoin de paroles réconfortantes : le sergent-chef Laurent Mosic, touché par l'explosion de l'IED près de Sherkhel, a succombé à ses blessures à l'hôpital de Kaboul. Les compagnies se rassemblent sur la place d'armes, dans la partie supérieure du camp, pour lui rendre hommage. Nous écoutons avec émotion les mots du chef de corps. Après avoir rappelé les services rendus par notre camarade en Afghanistan, il retrace son parcours au sein de l'armée. Le sergent-chef Mosic n'en était pas à sa première opération : il aura servi son pays pendant plus de vingt ans. Quelques mois avant sa majorité, il s'engage dans un régiment du génie parachutiste, qui sera notamment projeté au Cambodge et au Tchad. A vingt-quatre ans, il intègre le corps des sous-officiers et mène avec succès plusieurs missions de déminage au Kosovo. En 2003, accédant au grade de sergent-chef, il rejoint le 13e régiment du génie. Après une mission aux Antilles, il se rend par deux fois au Liban, où son action lui vaudra une citation du chef d'état-major des armées. Il officiait en Kapisa depuis le mois d'avril 2010, dans une section chargée d'ouvrir les itinéraires piégés. Le sergent-chef Laurent Mosic laisse une compagne et deux enfants. Je ne connaissais pas personnellement ce sous-officier, mais toutes mes pensées vont à sa famille. C'est le premier militaire qui tombe à nos côtés depuis le début du mandat. Sur la place d'armes, mes hommes ont le visage fermé. Je devine ce qui occupe leur esprit. Les mêmes questions lancinantes. Pourquoi lui ? Tout est-il écrit et décidé à l'avance ?

En écoutant l'hommage du colonel Michel de Mesmay, je songe à un proverbe que citait Bâbour après avoir conquis l'Afghanistan au début du XVIe siècle : « Mourir en compagnie d'amis est un festin. » Rien n'est plus faux. Rien n'est plus éloigné de notre état d'esprit que l'exaltation morbide de la geste guerrière. Je ne me suis jamais épanoui dans l'odeur de la poudre. C'est dans l'espoir de la dissiper que je me suis engagé. Nous ne sommes pas en Afghanistan pour prolonger un conflit, mais pour tenter d'y mettre fin. A Tagab, je mesure chaque jour combien la tâche qui nous attend est longue et difficile. La violence nous assaille de toutes parts, comme si elle avait trouvé dans ce pays une terre d'élection.

Depuis un peu plus d'un siècle, sur les douze émirs, rois ou présidents qui se sont succédé à la tête de l'Afghanistan, un seul – Abdour Rahman, l'« émir de fer » – est resté au pouvoir jusqu'à sa mort naturelle, en 1901. Ces trente dernières années, les régimes au pouvoir ont défendu des idées différentes, sinon opposées, mais ils ont suscité la même exaspération au sein du peuple. Une anecdote, relatée par le voyageur britannique Rory Stewart, illustre bien cette réalité qui confine parfois à l'absurde.

— Pourquoi avez-vous combattu le régime communiste ? demande Rory Stewart à un vieil Afghan.

— Parce qu'il a empêché mes femmes de porter le voile et qu'il a pris mes ânes.

— Et pourquoi avez-vous combattu le régime des talibans ?

— Parce qu'il a forcé mes femmes à porter la *burqa* à la place du voile et qu'il a pris mes ânes.

Nous savons que la disparition du sergent-chef Laurent Mosic est déjà relayée par les médias français. Le président de la République a publié un communiqué. Après un hommage à notre camarade, il a réaffirmé la détermination de la France à « rétablir la paix en Afghanistan ». J'appelle Maguelone et mes parents, espérant devancer leurs inquiétudes.

— Ta mère et moi avons appris qu'un homme du génie était tombé en Kapisa..., précise d'emblée mon père.

— En fait, ce n'est pas exactement dans la zone où je suis...

— Oui, et de toute façon, le génie, ça n'a rien à voir avec ce que tu fais.

— Rien, évidemment. Nous, c'est l'infanterie.

Je me garde bien d'indiquer que nous travaillons main dans la main avec les sapeurs pour ouvrir les itinéraires piégés. Moins il en saura à ce sujet, mieux ce sera. Je lui parle de l'apéritif « corso-niçois » que nous avons prévu d'organiser avec quelques hommes du régiment.

– Il faut mettre son gilet pare-balles pour y aller, lui dis-je, parce qu'avec la verve méditerranéenne, les balles fusent de partout !

Mon père rit de bon cœur. Il n'est pas dupe. Il sait que je ne lui dis pas tout. Je lui parle essentiellement de barbecues, de parties de pétanque et de séances de footing. J'imagine que lui aussi passe sous silence tout un tas de nouvelles déplaisantes, les soucis de santé, les tracas quotidiens. On se protège d'un côté comme de l'autre, par omission...

11

L'inversion des grades

Le mois de juillet s'écoule sous une chaleur accablante. A chaque bouffée d'air, une poussière fine, insaisissable, brûle et pique les muqueuses. Je passe d'habitude cette période de l'année entre la Corse et l'arrière-pays niçois. D'une latitude à l'autre, les températures sont sans commune mesure. Tout comme l'ambiance : d'un côté, la douceur méditerranéenne et la détente estivale ; de l'autre, la poussière et l'inquiétude permanente. Avant de me rendre dans les quartiers de la 2e compagnie pour assister à l'apéritif « corso-niçois », je rassemble mon trésor : les deux colis envoyés de France par ma famille. L'un vient de Nice : anchoïade, sauce au pistou, vin de Bellet et plusieurs éditions de *Nice-Matin.* L'autre, posté par ma tante, vient de Corse, de la région montagneuse de Corte : lonzo, coppa, figatelli et quelques dessins de mes cousines. C'est un véritable bonheur d'ouvrir ces paquets à cinq mille kilomètres de chez moi. Les fumets qui s'en échappent me rappellent les lieux de mon enfance. Pendant quelques minutes, j'échappe à Tagab pour retrouver les saveurs méditerranéennes. Allongé sur mon lit, je parcours les nouvelles du *Nice-Matin*, périmées depuis quinze jours. Mais quelle importance ?

Dans notre base, la géographie de la France se redessine au gré des terroirs : foie gras du Sud-Ouest, saucisses de Morteau, biscuits de Pont-Aven, bouteilles de Monbazillac… A la nuit tombée, mes charcuteries sous le bras, je rejoins les quartiers de la 2e compagnie. Une quinzaine de personnes sont déjà attablées, s'adonnant au rituel du « petit jaune » : le pastis. On les entend de loin : quand ils sont ensemble, les Corses et les Niçois laissent peu de place au silence et à l'introspection… Les tirades moqueuses fusent à travers la fumée des grillades. La première victime de ces quolibets est un gendarme niçois que nous appelons amicalement « Fred ». C'est une « omelette » d'un genre un peu particulier : avec ses collègues, il est chargé de la formation de la police nationale afghane (ANP). Les effectifs de ce corps, à la différence des soldats afghans, sont recrutés localement. Un système propice au développement de la corruption, disent les mauvaises langues. Il s'agit surtout de rumeurs colportées sous forme de plaisanteries.

— Alors, cher ami de la maréchaussée, comment se passent les cours accélérés de corruption ? lance le caporal Arnaud, un ancien employé de l'hôtel Carlton à Cannes. Les policiers afghans ne pourront jamais atteindre votre expertise en matière de pots-de-vin…

— Dis-moi, Arnaud, tu vas aller voir ta famille en Corse à ton retour ? rétorque le gendarme. Tu pourrais me faire une description de ta voiture ? Parce que je te jure qu'en France, je ne te louperai pas : tu vas ramasser une farandole d'amendes, con !

— Tu veux me voler le peu d'argent que je gagne ? Honte, vergogne ! Alors que les gendarmes sont mieux payés que nous ! Et mieux équipés avec ça… Je me demande à quoi ça vous sert, tout cet attirail, avec le peu de risques que vous prenez !

— Mon pauvre, si tu avais été avec nous à Alah Say, l'autre jour, je crois que tu te serais fait dessus… Une clique d'insurgés s'est jetée sur nous, un genre d'opération suicide : ces types-là se foutent de mourir...

— Normal, reprend Arnaud, avec toutes les vierges qu'on leur promet au ciel, moi aussi j'aurais hâte de monter là-haut...

Un caporal-chef corse, toujours enclin à blaguer, intervient en fronçant exagérément les sourcils :

— A quoi ça sert d'avoir des vierges si on est mort ?

On entend bientôt des éclats de rire au loin.

— C'est la soirée des Bretons ! lance Arnaud avec une drôle de jubilation, affûtant déjà ses flèches.

— Oh, les Breizhads ! hurle Jean-Christophe, un Niçois du quartier Saint-Roch. Un peu de silence, on s'entend plus parler !

Une délégation de Bretons, attirée par les lazzis, vient nous rendre visite. Il y a parmi eux le capitaine Aurélien, qui commande la 2e compagnie.

— Tiens, dit-il, voilà toute une bande de combinards méridionaux ! Des voyelles plein la bouche...

— Vous avez apporté un peu de chouchen, l'hydromel des clochards ? demande Arnaud.

— Nous sommes venus les mains vides dans l'espoir de goûter ces vins tapageurs du Sud.

— Est-ce que vous n'auriez pas un druide avec vous ? En jetant de vieilles dents par terre, il pourra sans doute nous renseigner sur l'avenir...

Bretons, Corses et Niçois finissent par trinquer autour d'un verre de château-de-bellet. La camaraderie entre marsouins prend le pas sur l'esprit de clocher. Comme il faut bien garder un sujet de plaisanterie, Fred est de nouveau mis à contribution... Dans ces moments, on parvient presque à oublier la menace des CHICOM et la présence des insurgés, de l'autre côté du *wadi*. En 2003, lorsque je me suis engagé, j'étais loin de penser que je me retrouverais un jour dans une vallée afghane, assis devant une assiette de lonzo, en train de charrier un gendarme.

L'expérience que je vis aujourd'hui répond pourtant aux attentes que j'avais en entrant dans l'armée : l'envie de servir mon pays et de commander des hommes, certes, mais aussi, il faut l'admettre, le goût des défis. Adolescent, les entraînements commando et les sauts en parachute nourrissaient mon imagination. Je lisais avec passion *Par le sang versé*, un ouvrage de Paul Bonnecarrère contant les aventures des légionnaires en Indochine. Isolés dans la jungle hostile de l'Asie du Sud-Est, les hommes du capitaine Mattei risquaient leur vie pour sauver un blessé ou racheter une promesse d'ivrogne. Même dans les situations les plus désespérées, l'entraide et l'esprit de camaraderie primaient. Les légionnaires allaient de coups de main en embuscades. Les ordres de l'état-major étaient parfois négligés pour une simple question d'élégance. A travers ce livre, Paul Bonnecarrère a donné une vision romantique de l'armée, celle de soldats chevaleresques, hédonistes, ne comptant que sur leur courage.

C'est bien sûr une autre réalité que j'ai découverte en rejoignant l'Ecole spéciale militaire de Saint-Cyr à la fin de l'été 2003. Contrairement aux élèves recrutés sur concours, qui suivent un cursus de trois ans, les « volontaires aspirants » ne reçoivent qu'une courte formation destinée à leur fournir un « vernis militaire ». On apprend les règles élémentaires : se mettre au garde-à-vous, marcher au pas, saluer. Le 4e bataillon de l'école, auquel j'étais intégré, avait son propre chant. Je me souviens encore du refrain :

Fiers officiers, en héritiers,
Instruisons-nous pour vaincre !
Fiers officiers, cœurs sans faiblesse,
Nous ne saurions craindre
Pour l'honneur d'être prêts à périr
Au seul cri de l'audace de servir !

Nous devions faire preuve d'humilité devant les règles militaires, y compris celles qui touchaient au repassage et au ménage. J'accomplissais ces tâches de bon cœur. Dormant en chambre collective, levé à cinq heures quinze du matin, je retrouvais l'esprit de groupe que j'avais connu au football ou dans les associations étudiantes. Chaque jour passé au sein du 4e bataillon me confortait dans mon choix. Je m'investissais sans compter. Cette formation n'était pas du goût de tous mes camarades. Certains d'entre eux trouvaient les horaires trop stricts et les remarques trop autoritaires. Ils supportaient mal les « aboiements » de notre encadrement.

En portant pour la première fois le treillis, j'ai ressenti une immense fierté. Différente, toutefois, de celle que j'avais jusqu'alors éprouvée. Lorsque j'ai décroché mon master à Sciences-Po, j'étais fier à titre personnel, bien sûr, mais aussi pour ma famille, avec qui j'avais l'impression de partager cet honneur. L'uniforme d'officier m'a apporté un plaisir plus intime. Il s'agissait d'une décision strictement individuelle, prise en mon âme et conscience, seul face à moi-même.

Dans le monde civil, mon statut de militaire suscitait des réflexions contraires – admiration ou aversion –, mais je m'apercevais surtout qu'il était méconnu. Plusieurs réactions m'ont laissé sans voix, notamment lorsque je m'employais à courtiser les filles. Certaines d'entre elles m'enveloppaient d'un regard mitigé : « Tu es militaire, toi ? D'accord, j'ai donc affaire à un tueur qui sait bien faire son lit… » Ou encore : « Tu portes le treillis ? Si les cons volaient, le ciel serait kaki… » D'un naturel plutôt facile, je prenais le parti d'en rire. De temps à autre, je m'amusais même à devancer les remarques désobligeantes : « Je ne peux pas te révéler mon métier. Si je te le dis, je serai obligé de t'éliminer ! »

Donner la mort sur ordre : cet aspect de la fonction militaire, essentiel s'il en est, suscite bien souvent l'incompréhension du monde civil. Suis-je un simple tueur mandaté par la République ? Un meurtrier agissant dans la légitimité ? Le métier des armes peut conduire à prendre la vie d'autrui. L'institution tente d'amener les officiers et les soldats à saisir les enjeux moraux qui entourent la décision de tirer sur un homme. Au cours de ma formation militaire, je m'imaginais que cet acte trouvait sa justification dans la défense de mon pays et de la liberté. Cette réflexion est indispensable, mais elle demeure théorique. En Afghanistan, chaque fois que j'ai ouvert le feu sur l'ennemi – rarement, car mon rôle consiste surtout à observer et commander –, c'était pour défendre mes camarades, faciliter une évacuation de blessés, ou empêcher les insurgés de manœuvrer. Dans ces cas-là, je n'ai pas eu le sentiment d'avoir le choix : la nécessité du tir s'imposait naturellement, pour des causes qui me paraissaient justes et légitimes dans l'immédiateté. Sans choix, il n'y a pas de place pour le remords. J'ai ouvert le feu pour me protéger ou pour protéger les miens. Aujourd'hui encore, je ne sais même pas si j'ai tué des hommes. C'est le paradoxe de ce conflit asymétrique, où l'ennemi reste le plus souvent invisible. En Kapisa, on ne voit que très rarement les insurgés tomber. On est bien loin d'un combat classique opposant deux hommes face à face.

Au 4e bataillon de l'Ecole spéciale militaire de Saint-Cyr, les aspirants venaient comme moi du monde civil. Ils avaient rejoint l'armée sur le tard, après être passés par l'université. Nous étions tous des apprentis militaires. Ce n'est qu'au terme de cette formation d'un mois que j'ai découvert l'esprit de corps et la vie régimentaire. Mon contrat m'engageait pour un an. J'ai passé les onze mois suivants à Pau, au sein du 5e régiment d'hélicoptères de combat. Le premier jour, en arrivant, je me suis senti très seul. L'ambiance était on ne peut plus étrange. J'ai fait le tour des compagnies pour me présenter, comme le veut la tradition. Les personnes que je rencontrais riaient sans raison, d'autres me rembarraient violemment. Je voyais des caporaux insulter leurs supérieurs. Les capitaines paraissaient tyrannisés par leurs hommes, s'excusant à tout bout de champ.

On m'a fait passer une visite médicale. L'infirmier m'a demandé de me déshabiller d'une voix efféminée. Une fois que j'étais nu, il a tenté de me peloter. Je me suis levé, indigné, en criant : « Bon, maintenant, ça suffit, je veux voir un médecin ! » L'infirmier m'a conduit dans une salle d'attente, tout en continuant à me lancer des œillades. Je me demandais vraiment ce que je faisais là. J'étais déçu. Je commençais à regretter de m'être engagé. Le médecin m'a reçu, le visage grave. « Excusez-moi d'avoir tardé, a-t-il dit, mais les résultats de vos analyses ne sont pas bons... Vous êtes porteur de plusieurs MST. C'est assez préoccupant... » Il semblait ravi de m'annoncer ces nouvelles. Je l'écoutais en silence, le trouvant parfaitement stupide. Le reste de la journée fut à l'avenant : tout le monde s'engueulait dans les bureaux. On me demandait systématiquement d'aller faire un tour ailleurs. Le soir, le capitaine de la compagnie m'a convoqué. Tous les gens que j'avais croisés étaient réunis autour de lui. Ils avaient placé leur grade dans un grand bol. Je venais de vivre mon premier « bahutage », dans le plus pur humour potache de l'armée. Le capitaine avait pris la place de l'infirmier, l'infirmier celle d'un caporal-chef, le caporal-chef celle d'un adjudant, etc. L'inversion des grades est une coutume pour accueillir les nouveaux. J'étais hilare et flatté. Tout le régiment avait pris la peine de jouer cette longue comédie pour moi. Dès le premier jour, je me suis senti pleinement intégré.

Au cours de cette année, grâce à la variété des missions, j'ai pu prendre mes marques dans l'armée. On m'a d'abord chargé de donner des cours de français et de mathématiques à de futurs caporaux, dans le cadre des formations initiales et élémentaires. J'ai ensuite été affecté au peloton de reconnaissance et de balisage, une section agissant de concert avec les hélicoptères : sécurisation des zones d'atterrissage, repérage des cibles ou encore récupération des équipages abattus. Pour la première fois, j'étais aux côtés de soldats qui avaient tous un vécu de fantassin ou de forces spéciales. Je fréquentais ces combattants au quotidien. Leur état d'esprit, comme leurs missions, m'ont laissé un excellent souvenir, qui m'a par la suite aidé à orienter mon parcours. Enfin et surtout, j'ai suivi un stage d'aguerrissement au centre d'entraînement commando de Givet, dans les Ardennes. Trois semaines en plein hiver. Mon expérience la plus marquante en tant qu'aspirant. Je me suis retrouvé en situation réelle de commandement. J'encadrais quinze militaires du rang. Nous avions tous l'ambition de décrocher le brevet de ce stage réputé difficile. Il faisait très froid, les nuits étaient courtes et les missions se succédaient à un rythme infernal. J'ai découvert là-bas que l'on pouvait dormir en marchant !

En tant que chef, pour que mes ordres soient suivis et respectés, je devais constamment me dépasser, prenant toute la mesure de cette devise : « Ce n'est pas le grade qui fait l'homme. » Je m'efforçais de passer les épreuves en premier pour gagner la confiance de mes subordonnés : un lieutenant que l'on considère comme un « esquiveur » n'a aucune chance d'asseoir sa légitimité. Ces trois semaines étaient très éprouvantes, mais j'avais le sentiment de m'être acquitté de mes responsabilités. Les quinze hommes qui étaient sous mes ordres ont tous obtenu leur brevet. J'ai retiré une grande fierté de ce séjour dans les Ardennes.

Le goût du commandement, le plaisir difficile qui naît des privations et de l'effort : c'était là tout ce que j'avais espéré trouver dans l'armée. En 2004, conforté dans mon choix, j'ai décidé de signer un contrat de huit ans en tant que chef de section infanterie.

12

Haka

Une nervosité inhabituelle agite le camp depuis deux jours : nous préparons la visite du général Irastorza, le chef d'état-major de l'armée de terre (CEMAT*). Il arrivera cet après-midi en véhicule blindé depuis la base de Nijrab, située à une quinzaine de kilomètres de Tagab. Il aurait pu faire le choix de se déplacer en hélicoptère pour limiter les risques. S'il a décidé d'emprunter la voie terrestre, c'est pour apprécier au plus près les conditions du terrain. La 4e compagnie est chargée avec l'ANA de sécuriser son convoi sur l'axe principal. Des sections d'appui sont déployées à flanc de colline. Entre Nijrab et Tagab, les sapeurs ont minutieusement ratissé les *hotspots*. La mise en place d'un tel dispositif est à double tranchant : les insurgés ne manqueront pas de remarquer que les forces françaises préparent un transport important.

Quelques semaines plus tôt, lors de la visite de l'amiral Guillaud, chef d'état-major des armées, les talibans ont tiré des obus sur la base. Les projectiles se sont heureusement abattus en dehors des *bastion walls*. L'arrivée de hauts responsables fait toujours monter la tension d'un cran. Nous n'en sommes pas moins heureux qu'ils se déplacent pour nous soutenir. Ils peuvent ainsi se faire une idée de notre travail *in situ*. Même le ministre de la Défense, Hervé Morin, nous a récemment fait l'honneur de sa présence. Il a partagé notre petit-déjeuner à l'ordinaire, se mêlant volontiers à la foule des marsouins. Mes hommes n'ont pas hésité à prendre la pose pour les photos.

Aujourd'hui, une chose est sûre : personne ne prendra la pose avec le général Irastorza. L'homme, connu pour son expérience opérationnelle, a la réputation d'avoir un caractère bien trempé. Le convoi qui l'escorte vient de quitter Nijrab. Les blindés roulent à vive allure sur l'axe principal : en cas de prise à partie, les insurgés auront plus de difficultés à faire mouche. Vert 3 sécurise le cortège au nord, près du village de Maktab. Positionné derrière un muret, je surveille les mouvements de la zone verte. Le convoi passe à hauteur de notre dispositif. Il n'est pas composé de VAB traditionnels : en l'honneur du général, on a préféré les tout nouveaux « véhicules blindés de combat d'infanterie » (VBCI*). Je suis surpris d'apercevoir le visage du CEMAT : sa tête dépasse de la trappe du véhicule. Un peu plus tard, on m'annonce par radio le passage des blindés sur le col de Kora. Là-bas, à flanc de colline, des éléments à pied de Vert 4 surveillent la *green zone.*

Je reçois mal les communications du réseau compagnie, qui permettent de suivre l'évolution tactique de tous les éléments. Je demande au caporal Francis, mon opérateur radio, de contrôler son matériel. C'est un jeune Varois que je connais depuis quatre ans. Son poste pèse plus de dix kilos : il s'agit pourtant d'un appareil dit « de quatrième génération »... La « liaison trans » est essentielle en opération, particulièrement aujourd'hui : la compagnie est éclatée sur plus de dix kilomètres. Je perçois une voix forte sur le réseau, mais elle est brouillée : « VERT 4... CONTACT... CONVOI... RPG... » Je quitte mon poste de combat pour rejoindre mon VAB, qui est équipé d'une radio plus puissante.

Après avoir avisé la section de ma nouvelle position, je passe sur la fréquence compagnie.

J'apprends qu'un tir de roquette a frôlé le blindé du CEMAT. Pour tenter d'atteindre leur cible, les insurgés ont pris un risque quasiment suicidaire : ils se sont avancés jusqu'à la dernière extrémité des vergers. Je suis les nouveaux développements en direct. Ils font feu une deuxième fois, sans davantage de succès. Vert 4 a repéré la provenance des tirs. Le sergent Hassan, qui a installé son poste Milan* en hauteur, réagit dans l'instant. Le missile prend son envol. Il doit passer au-dessus du convoi pour atteindre les positions ennemies. Un incident se produit. La trajectoire du missile est trop basse : elle penche dangereusement vers les blindés... Le projectile étant filoguidé, il est encore temps d'interrompre sa course. La commande d'annulation est actionnée. Le Milan s'écrase à une centaine de mètres du convoi... Le sergent Hassan, loin de se décourager, prépare un second tir. Cette fois, le missile fuse sans encombre vers le point visé. Un rideau de fumée noire s'élève des arbres. L'objectif a été neutralisé. Une demi-heure plus tard, j'entends avec soulagement le capitaine Laurent annoncer que le blindé du général est passé derrière les *bastion walls* de notre base.

Nous avons préparé une « perche » – une blague – pour accueillir le CEMAT. C'est une tradition que les lieutenants entretiennent avec passion : le « devoir d'impertinence ». Au poste de commandement, le colonel de Mesmay doit présenter la situation au général à l'aide d'un vidéoprojecteur. Sur son ordinateur, nous avons modifié le fichier prévu à cet effet. Le CEMAT voit bientôt défiler un diaporama : notre chef de corps en train de somnoler dans son véhicule, des capitaines surpris en pleine sieste sur le terrain... Les bonnes perches comportent toujours une part de risque. Elles doivent rester dans les limites de l'impertinence sans franchir celles de l'irrespect. La frontière est parfois ténue : elle dépend surtout de l'humeur du supérieur. Nous guettons avec appréhension la réaction du général. Un large sourire apparaît sur son visage. Nous sommes soulagés.

Les lieutenants usent sans modération de ce droit à l'insolence. C'est une façon de se défouler, d'évacuer la tension : ils assument souvent de lourdes responsabilités pour leur âge. On leur reproche en plaisantant d'être des « officiers débutants ». J'aime beaucoup ce grade de lieutenant. Il réunit à lui seul tout ce qui me plaît dans l'armée : les relations avec les hommes du rang, l'action permanente, et une licence pour l'humour. Ce dernier privilège m'a valu des fous rires mémorables. En France, nous organisons de temps à autre une « dégageante », surprise qui consiste à emmener d'autorité un supérieur en tournée, au bowling, en discothèque ou simplement dans un bar. Par courtoisie, on avise sa famille à l'avance. Peu avant notre départ pour l'Afghanistan, tous les lieutenants du 21e RIMa se sont rendus à l'improviste au domicile du chef de corps. Nous étions confortablement installés dans son salon lorsqu'il est rentré chez lui. Coup d'envoi d'un apéritif improvisé. Chaque lieutenant a appelé son capitaine sur le téléphone du colonel, en imitant sa voix.

J'aime beaucoup cet humour potache et bon enfant. Il a jalonné mon parcours dans l'armée. A l'exception d'une année : celle que j'ai passée entre 2005 et 2006 au sein de l'Ecole d'application de l'infanterie. Une période éprouvante. Pendant douze mois, les élèves officiers sont soumis à une évaluation pointilleuse. Au vu des responsabilités qui leur sont confiées par la suite, l'ambiance n'est pas au badinage. Il ne s'agit plus d'acquérir un simple « vernis militaire », mais d'apprendre le métier de chef de section. Tout le monde se consacre à l'étude et à l'entraînement. Il faut une motivation d'airain pour soutenir le rythme. On a peu de temps pour voir ses proches et les déplacements sont permanents : Djibouti, Larzac, Briançon ou encore Hammelburg, en Allemagne. On est formé aux techniques de combat en zone urbaine, mais aussi en milieu désertique, montagneux, nautique... Chaque jour, les élèves doivent assimiler des compétences extrêmement variées et précises : mise en œuvre d'explosifs, procédures de tirs Eryx ou Milan, fonctionnements des véhicules de l'avant blindé (VAB)... A peine a-t-on réussi un stage qu'il faut en commencer un autre. Une bonne note ne suffit pas : on doit tout savoir et ne commettre aucune erreur.

Je voulais apprendre à repousser mes limites : j'étais amplement servi... Comme l'année précédente, l'entraînement commando s'est avéré être l'épreuve la plus difficile de la formation. Pour la préparer au mieux, je m'étais inscrit à un club de musculation, en marge de mon cursus à l'école d'infanterie. J'espérais mettre toutes les chances de mon côté. Une fois sur place, je n'ai pas regretté cette précaution. Mon expérience au Centre national d'entraînement commando (CNEC*), dans les Pyrénées-Orientales, était encore plus ardue que je ne l'avais imaginé. Les stagiaires y subissent des situations de stress et de fatigue intenses. Ils doivent franchir des « pistes d'audace » composées de passerelles et de tyroliennes. Il faut puiser dans ses ressources les plus intimes pour venir à bout de ces exercices. La « piste rouge chronométrée », fixée sur le mur extérieur de la citadelle Mont-Louis, est l'épreuve phare : on doit escalader des remparts du bout des doigts et s'accrocher à des poutres suspendues dans le vide. J'ai quitté les Pyrénées-Orientales épuisé, mon brevet en poche. Tout le monde s'accorde à dire que le CNEC n'a pas volé sa devise : « En pointe toujours »...

A la sortie de l'école d'infanterie, les élèves font l'objet d'un classement. C'est une logique de concours. Je n'ai pourtant pas gardé le souvenir d'une ambiance individualiste. Je me suis rapidement constitué un groupe d'amis. On travaillait ensemble et on se soutenait mutuellement. Cet esprit d'entraide a porté ses fruits : tous les membres de notre petite bande sont arrivés en tête du classement. J'ai ainsi fini en cinquième position, sur vingt et un élèves. Ce résultat m'offrait un choix assez large pour mon futur corps d'intégration : troupes de marine, parachutistes, forces spéciales... Mon supérieur à l'école m'a dit : « Réfléchis bien, par la suite, ce sera toujours l'armée qui décidera pour toi... »

J'ai rejoint les troupes de marine. Cette appellation prête parfois à confusion dans l'esprit du grand public. A l'origine, la vocation de l'infanterie de marine était de défendre les navires de guerre. Au XIXe siècle, un corps est spécifiquement créé à cet effet : les fantassins deviennent de simples passagers. On les surnomme alors « marsouins » en référence à ces cétacés qui suivent les bateaux. Plus tard, les troupes de marine seront rebaptisées « troupes coloniales », appellation qu'elles garderont jusqu'en 1967. Elles ont longtemps accueilli en leur sein des hommes venus d'outre-mer. Cet esprit d'ouverture sur l'étranger me plaisait. Je me sentais également attiré par le mélange de rigueur et de décontraction que l'on prêtait à l'infanterie de marine. L'acronyme « RIMa » a une double signification : « Régiment d'infanterie de marine » ou « Rigueur, initiative, manœuvre et amitié ». Mon choix s'est arrêté plus particulièrement sur le 21e RIMa parce qu'il avait une réputation d'excellence et des missions prestigieuses à son actif. Il fut chargé entre autres d'ouvrir les théâtres du Kosovo et de l'Afghanistan. Pour finir de me convaincre, ce régiment était basé à Fréjus, non loin de ma famille et de la Méditerranée.

A l'été 2006, j'ai ainsi intégré la 4e compagnie du 21e RIMa comme chef de section. On m'a remis le béret bleu frappé de l'ancre des troupes de marine : j'appartenais désormais à ce corps d'élite. J'étais heureux de mon choix, mais je savais qu'on ne me laisserait pas le temps de me reposer sur mes lauriers : c'est un privilège – ou une tare – qui n'existe pas dans l'armée. Quel que soit le grade, il faut toujours faire ses preuves et remettre sa mise en jeu.

Finies, à présent, les simulations avec les camarades de promotion : je prenais le commandement de trente hommes dans des conditions réelles. Le 21e RIMa était tout nouveau pour moi. La plupart des marsouins de Vert 3 se connaissaient depuis longtemps. Il fallait s'imposer avec tact dans un groupe déjà soudé. Au début, j'avais l'impression d'être observé en permanence par mes subordonnés. Lorsque j'ai commencé à mieux connaître mes chefs de groupe, ils m'ont fait part de leurs remarques : « Mon lieutenant, vous êtes encore un peu trop scolaire. Vous pouvez abréger certaines choses, et surtout n'hésitez pas à nous tutoyer... » J'ai tenu compte de leurs observations. Eux, en revanche, ont continué à me vouvoyer. C'est la règle.

Chacun étant appelé à évoluer, les effectifs de Vert 3 ont changé d'une année à l'autre. Les sergents Stéphane, David, Alex et Emilien que j'ai connus en 2006 occupent aujourd'hui de nouvelles fonctions. Mais quelques marsouins, comme Mickaël, Tonton ou Julio, sont encore sous mes ordres à Tagab. Ils sont tous trois originaires de la Polynésie française. Quels que soient les arrivées et les départs, ma section a toujours réuni des horizons culturels très variés, puisant ses origines non seulement aux quatre coins de l'Hexagone, de Lille à Nice en passant par Nantes, mais aussi en Algérie, en Centrafrique, en Côte d'Ivoire, en Inde. Les ultramarins représentent un fort contingent : ils sont aujourd'hui sept sur un total de trente marsouins. L'un d'eux vient de la Réunion, un de Wallis-et-Futuna, les cinq autres de Polynésie. Leurs traditions sont très appréciées au sein de la section. On se régale des viandes qu'ils cuisinent au *himaa*, four tahitien creusé dans la terre. Les tatouages du caporal-chef Tonton, originaire des Marquises, sont à l'origine d'un effet de mode. Depuis que nous sommes à Tagab, de nombreux marsouins y ont succombé. Devant le poste de commandement de la base, la communauté du Pacifique du 21e RIMa a érigé un grand totem. Sculpté dans la pierre, il protège les marsouins contre les forces malfaisantes de la vallée.

Ce soir, les ultramarins de ma section sont exceptionnellement exemptés de leur tour de garde. Sur la place d'armes, à la lueur des flambeaux, ils interprètent un Haka pour souhaiter la bienvenue au général Irastorza. Le résultat est saisissant : dans la nuit afghane, tous les Polynésiens du 21e RIMa dansent et chantent à l'unisson. Depuis les hauteurs d'Alah Say et de Bedraou, les talibans voient-ils les torches trembler dans l'ombre ? Peut-être, mais aucun tir de CHICOM ne vient troubler la cérémonie. Le totem nous protège.

13

L'homme politique, la jeune fille et le militaire

Les combats dans la zone verte sont très rapprochés. L'ennemi est souvent à portée de voix. Le caporal Yohann a ainsi vécu une expérience dont il se souviendra sûrement toute sa vie. En seulement deux jours, son histoire a fait le tour de la base. « Radio Marsouin » oblige. Je connais Yohann depuis deux ans. Je l'ai rencontré au printemps 2008, à Fréjus. Je dispensais alors une formation aux civils qui se sentaient attirés par l'institution militaire. Je leur présentais les diverses perspectives offertes par l'armée, puis les emmenais marcher et bivouaquer. A l'issue de cette préparation, Yohann s'est engagé pour cinq ans dans notre régiment. Je le croise ce soir au foyer, lieu convivial où les militaires se retrouvent pour boire un verre, tous grades confondus. Yohann occupe le poste de tireur Minimi (minimitrailleuse) dans les rangs de Vert 4. Il a vingt-trois ans et du talent à revendre. Il s'impose comme le meilleur photographe du régiment : les images qu'il prend en amateur sur le terrain sortent nettement du lot. Il s'investit également comme bénévole dans le poste de secours de la base, qui offre des soins gratuits aux villageois. C'est un jeune homme sensible et intelligent. De l'avis de tous, il est promis à un bel avenir.

L'avant-veille, le caporal Yohann participait à une opération aux abords de la vallée de Bedraou, dans une zone que les hommes du mollah Mahmoud considèrent comme étant sous leur contrôle. Vert 4 avait pour mission de sécuriser le passage d'un convoi. L'infiltration s'est déroulée sans problème. Au moment de l'exfiltration, le groupe du caporal Yohann a été attaqué à très courte distance par des éléments ennemis. Ces derniers étaient si proches que les marsouins parlaient à voix basse de peur d'être repérés. Les talibans ont jeté quelques grenades par-dessus les murs. Les soldats français ont vite réorganisé leur dispositif, passant par une ouverture pratiquée dans une paroi. Le chef de groupe, le sergent Alexandre, a été légèrement blessé à la joue par une balle. Le caporal Yohann, qui était alors l'élément le plus avancé, couvrait ses camarades en distribuant des rafales de Minimi. Il s'est soudain trouvé seul en tête du dispositif. Mauvais coup du sort : sa mitrailleuse s'est enrayée. Il a baissé la tête pour tenter de la réarmer. L'extracteur était hors d'usage. En relevant le buste, il a vu un taliban venir droit sur lui. Il était armé d'une kalachnikov et vêtu d'un *shalwar kemis* blanc. Le caporal a juste eu le temps de dégainer son arme de poing et de tirer, vidant tout le chargeur sur l'insurgé. Il a aussitôt ramassé son sac et s'est levé à la recherche d'une voie de repli. « A ce moment-là, confie-t-il, j'étais persuadé que j'allais mourir. Les tirs m'encadraient de partout. » Il a sauté par-dessus un muret et s'est jeté dans un trou. Quelques secondes se sont écoulées ; il tentait de rester immobile. Une odeur insoutenable lui prenait les narines. Il s'était réfugié dans une fosse septique... Quelque chose bougeait près de lui. Une forme humaine. C'était Fetrat, l'interprète afghan de sa section, terrorisé. Yohann a alors aperçu l'un de ses camarades, le caporal Thomas, revenir sur ses pas au péril de sa vie. Il a lancé une bordée de grenades pour leur permettre de quitter la fosse.

« Thomas aurait pu rester planqué à l'arrière, ajoute Yohann. Il a préféré nous venir en aide. J'espère que j'aurai l'occasion de lui rendre la pareille… »

Depuis ce combat dans la vallée de Bedraou, Yohann a l'impression d'être le « chat noir » de sa section. Il se pose toute une série de questions : « Depuis qu'on est ici, mon lieutenant, j'ai l'impression que je suis toujours au mauvais endroit au mauvais moment. L'autre jour, je suis monté en trappe sur le VAB, et les tirs ont commencé à pleuvoir… Mais bon, à chaque fois, je m'en sors plutôt bien… » J'essaie de le réconforter. Je le félicite pour son sang-froid et son courage. Une étude menée sur les unités qui se sont succédé en Kapisa montre que de nombreux soldats sont exposés à un stress post-traumatique, certains nécessitant un suivi psychiatrique. J'espère que le caporal Yohann parviendra à surmonter l'épreuve vécue à Bedraou.

« Vous savez ce que je trouve absurde dans tout ça, mon lieutenant ? poursuit-il. Hier, au poste de secours de la base, j'ai assisté le capitaine-médecin Sébastien qui recevait un villageois touché à la jambe par une balle.

C'était juste après l'opération dans la vallée de Bedraou. Il prétendait avoir été blessé alors qu'il bêchait son champ. J'avais l'intime conviction que cet homme était un insurgé. Peut-être qu'il m'avait lui-même tiré dessus... J'ai fait mon devoir, j'ai soigné ce type de mon mieux... » Je comprends le sentiment d'injustice qui anime Yohann. Il est certain, en effet, que notre poste de secours accueille des insurgés. Les militaires prennent néanmoins des précautions : les individus suspects, notamment ceux blessés par balle, sont enregistrés dans un fichier biométrique.

Ce que ressent Yohann s'inscrit dans le droit fil des observations que j'entends au sein de ma section : « Mon lieutenant, vous n'avez pas l'impression qu'on nous prend pour du gibier ? Il faut qu'on se fasse canarder avant de pouvoir réagir... » Les marsouins doivent se rendre à l'évidence : les combats rassemblent tous les ingrédients de la guerre, mais notre mission ne consiste pas à faire la guerre ; nous sommes ici pour assister les forces de sécurité afghanes et améliorer le quotidien de la population. Il faut garder le cap, même si le contexte insurrectionnel nous éprouve durement. Les talibans se mêlent aux civils, ils se métamorphosent sans cesse : nous sommes tenus de composer avec les ambiguïtés de ce conflit asymétrique.

C'est à l'aune de cette difficulté que notre action sera jugée. En dépit du harcèlement permanent, les troupes françaises restent fidèles à l'esprit de leur mission : elles continuent d'apporter des soins aux Afghans, de construire des ponts, des écoles, des puits... Ce sont ces valeurs humanistes que je suis venu défendre à cinq mille kilomètres de chez moi. On reproche parfois aux militaires français de ne pas s'interroger sur les raisons de leur présence en Kapisa. Ils se contenteraient d'appliquer les ordres, pour le meilleur et pour le pire, à l'heure où les sondages montrent que 70 % des Français sont défavorables à l'engagement de leur pays en Afghanistan. Ces critiques peuvent sembler légitimes, mais elles ne tiennent pas compte des impératifs qui entourent une opération militaire.

Est-il raisonnable de se perdre en conjectures géopolitiques lorsqu'on a la vie de trente hommes sous sa responsabilité ? La sécurité de ma section dépend de mes capacités de concentration. Sur la base, je passe la plus grande partie de mon temps à étudier la pertinence des dispositifs. Mon premier devoir est de protéger mes marsouins et les civils afghans. Si j'accepte de remplir cette mission sans questionner les ordres, c'est en vertu de la confiance que je place en mes supérieurs et surtout en mon pays. Si je n'adhérais pas aux valeurs que défend la République française, aurais-je décidé de servir le drapeau tricolore à l'âge de vingt-deux ans ?

Notre engagement en Kapisa est le fruit d'une décision politique qui s'inscrit dans le long terme. Les institutions démocratiques de mon pays ont sanctionné ce choix. C'est par le suffrage de mes concitoyens que nous sommes ici. Ils nous ont confié deux impératifs en particulier : la défense des intérêts supérieurs de la nation et la lutte contre le terrorisme. Des raisons qui n'échappent pas aux marsouins, que j'entends parfois dire : « Je préfère avoir les terroristes ici, dans la ligne de mire de mon Famas, plutôt qu'auprès de mes parents dans le métro. » Pour ajouter à la légitimité de notre action, la France agit sous mandat des Nations unies, avec l'accord et le soutien des autorités afghanes. Dans ces conditions, je ne songe pas à remettre en cause ma présence en ces terres lointaines.

Et quand bien même le voudrais-je, le rythme intense des opérations ne m'en laisserait pas le temps. Cela ne veut pas dire que je me désintéresse des enjeux géopolitiques de la région. Avant de partir pour l'Afghanistan, j'ai lu de nombreux ouvrages sur l'histoire et la culture de ce pays. Par ailleurs, je n'ai pas le sentiment d'avoir été exclu du processus de décision qui nous a conduits ici : j'ai voix au chapitre en tant que citoyen français ; je vote à chaque élection. Dans la vie civile, je suis libre d'exprimer mes opinions politiques. Au nom de Nicolas Barthe, pas en celui du lieutenant Barthe. Un militaire en uniforme qui afficherait ses convictions politiques perdrait toute crédibilité dans son action.

Je me souviens d'une devinette posée par mon chef de corps :

— Barthe, connais-tu la différence entre un homme politique, une jeune fille et un militaire ?

— Non, mon colonel.

— L'homme politique, quand il dit oui, ça veut dire peut-être. Quand il dit peut-être, ça veut dire non. Quand il dit non, c'est un mauvais homme politique. La jeune fille quand elle dit non, ça signifie peut-être. Quand elle dit peut-être, ça signifie oui. Quand elle dit oui, ce n'est pas une bonne jeune fille. Le militaire, quand il dit non, c'est non. Quand il dit oui, c'est oui. Quand il dit peut-être, c'est un mauvais militaire.

Dans la vallée de Tagab, la population civile m'entraîne rarement, sinon jamais, sur le terrain des discussions politiques. De ce point de vue, j'ai éprouvé davantage de difficultés lors de ma première opération extérieure. C'était au Kosovo, pendant l'été 2008. Nous intervenions là aussi sous l'égide de l'OTAN. La 4ᵉ compagnie de mon régiment s'est trouvée projetée sur le pont de Mitrovica pour assurer la sécurité et la liberté de mouvement de la population. Cette ville était soumise à de fortes tensions. Quelques mois avant notre arrivée, en février, la République du Kosovo avait déclaré son indépendance vis-à-vis de la Serbie. La rivière Ibar séparait alors Mitrovica en deux quartiers antagonistes : le Sud, majoritairement albanais ; et le Nord, majoritairement serbe. Notre casernement, appelé « la Concession », était situé sur la ligne de partage. Le 35ᵉ régiment d'infanterie, que nous étions chargés de relever, avait connu des affrontements de haute intensité. Une vingtaine de soldats avaient été blessés, dont certains par balles et par éclats.

Le capitaine Laurent, qui commande aujourd'hui notre unité à Tagab, occupait alors le poste d'officier adjoint de la compagnie. A ce titre, il était chargé de recueillir des renseignements sur le terrain. Avant chaque patrouille, il nous fixait des objectifs : rencontrer les responsables des différentes communautés et évaluer les tensions. J'avais ainsi de nombreux contacts avec la population. Il n'était pas toujours facile d'éviter les sujets politiques. Si les Albanais se félicitaient que la France ait reconnu l'indépendance de la province, les Serbes, eux, n'hésitaient pas à exprimer leur réprobation : « Vous nous avez abandonnés, disaient-ils. Vous n'êtes plus nos amis... Votre président nous a trahis... » J'essayais d'amener la discussion sur des thèmes plus légers. Je parlais par exemple du mariage récent de Nicolas Sarkozy et de Carla Bruni, ou des résultats de l'Etoile Rouge de Belgrade dans le championnat de foot serbe. C'était bien souvent grâce à l'humour que je parvenais à conserver ma neutralité politique.

Avant notre départ pour le Kosovo, nous avions suivi une préparation au « contrôle de foule ». L'entraînement était assuré par la gendarmerie mobile sur le camp militaire de La Courtine, dans la Creuse. Ce site abritait un village factice où les stagiaires évoluaient dans des conditions proches de la réalité. On y trouvait une mairie, un tribunal, un lieu de culte, des immeubles. Lors des exercices, les soldats se répartissaient les rôles, incarnant les membres de diverses communautés en conflit. Cet entraînement n'a pas été superflu, loin s'en faut. Nous avons en effet mené une intervention particulièrement délicate au nord de Mitrovica. Un soir, à la suite d'un match international de football qui avait échauffé les esprits, nous avons été appelés en urgence dans le quartier des Trois-Tours : des hooligans serbes progressaient vers ce secteur accueillant des minorités albanaise et bosniaque. Tous les ingrédients d'un affrontement interethnique étaient réunis. Deux sections de notre compagnie se sont déployées à partir de la Concession. Vert 3 était alors sur une base avancée au nord de la ville. Nous avons enfilé nos équipements à la hâte : boucliers, gilets pare-balles, bâtons de défense. J'avais l'impression de m'être transformé en « Robocop »... En cinq minutes à peine, nous étions dans les blindés, filant vers les Trois-Tours. J'ai installé mon dispositif sur l'axe nord du quartier. Une fois en place, nous avons vu une foule de plusieurs centaines de Serbes s'avancer vers nous... Les groupes les plus virulents nous lançaient des projectiles. Dans la confusion, j'essayais de repérer les meneurs. Il fallait s'abstenir de répondre aux provocations. Nous tentions de filtrer la population : les Serbes qui habitaient le quartier des Trois-Tours pouvaient passer, les autres étaient aiguillés vers le nord. Soudain, des coups de feu se sont fait entendre. L'un de mes caporaux-chefs, qui avait plus de douze ans de service, s'est tourné vers moi, une expression inquiète sur le visage :

— Mon lieutenant, ça tire ! Nos boucliers, est-ce qu'ils peuvent arrêter les balles ?

— Nous ne sommes pas visés, garde ta position.

Tout pouvait basculer en l'espace d'un instant. Sous les cris et les projectiles de la foule, je distribuais mes ordres aux marsouins : « Mettez vos casques et fermez les visières. Maintenez la ligne et n'avancez pas ! » J'apprends alors sur le réseau que Vert 1 a repéré un homme armé. Cette section s'est avancée au cœur de la foule. Quelques minutes plus tard, l'adjudant Niuhaila – alors à la tête de cette unité – annonçait le succès de l'intervention : « Personnel arrêté, arme récupérée. RAS pour nous ! » Des casques bleus nous ont relevés. J'étais fier du comportement de mes hommes. Ils avaient gardé leur calme et réagi avec mesure. Les minorités du quartier des Trois-Tours étaient saines et sauves. Nous avions tous le sentiment d'avoir accompli une mission difficile.

Malgré ces moments de tension, je parvenais à établir un dialogue constructif avec les citoyens de Mitrovica. A Tagab, les relations avec la population sont plus succinctes, surtout quand on est à la tête d'une section de combat. Je croise le plus souvent des civils occupés à fuir leur village de peur d'être pris dans un échange de tirs. Comment auraient-ils le temps de faire des commentaires sur notre présence ? Jusqu'ici un homme, un seul, a abordé ce sujet avec moi. C'est le chef d'un groupe d'autodéfense d'Afghanya, une vallée située à hauteur de Nijrab. Dans cette zone, la coalition et l'armée nationale afghane sont aidées par des villageois pour faire barrage aux talibans. Il s'agit d'une solution à court terme – ces groupes locaux n'ayant pas vocation à assurer *in fine* la sécurité du pays –, mais elle s'avère terriblement efficace : la vallée d'Afghanya est aujourd'hui apaisée, à tel point que les marsouins l'appellent en plaisantant la « vallée des Bisounours ». Dans ce secteur, mes hommes sont souvent déroutés par la présence de ces villageois. Ils sont armés de kalachnikovs et vêtus de *shalwar kemis* : seul un brassard rouge les distingue des insurgés. La semaine dernière, alors que Vert 3 sécurisait un convoi sur l'axe principal, le capitaine Jeff, chargé du renseignement au sein de notre compagnie, m'a demandé de recueillir des informations sur le groupe local d'autodéfense : positions et signes distinctifs. J'ai ainsi rendu visite à leur chef dans son poste de commandement, situé en bordure de la route, à hauteur de Maktab. Il m'a offert du thé. Nous avons étudié ensemble les cartes de la vallée. Après cette séance de travail, il m'a dit :

— Nous sommes heureux que vous soyez ici pour aider les Afghans. Vous êtes courageux. Nous poursuivons le même but : empêcher le retour des talibans. Plusieurs membres de ma famille sont morts à cause d'eux…

L'interprète traduisait ses paroles, mais son visage parlait pour lui. Il m'a ensuite demandé si j'étais marié. J'ai répondu en me gardant de lui retourner la question. Ce sont les consignes de l'armée : « *Ne jamais interroger votre hôte sur son épouse, ses sœurs ou ses filles.* » Evoquer les femmes du foyer peut en effet être perçu comme une offense dans la culture afghane.

— Quelle est votre religion ? a-t-il poursuivi.

Cet homme me faisait visiblement confiance. Il était difficile d'échapper à cette discussion sans le vexer. « *Ne jamais se dire (ou s'avouer) athée. L'athée est assimilé au pire des infidèles* », précisent les règles de comportement.

— Je suis catholique, ai-je fini par lui dire.

— Y a-t-il des musulmans en France ?

— C'est la deuxième religion de mon pays.

— Et ici, avec vous, il y en a ?

— Il y en a quatre dans ma section.

Il semblait favorablement impressionné. En le quittant, je lui ai offert l'une de nos rations stockées dans le VAB. Elle avait la particularité d'être frappée d'une mention en lettres rouges : SANS PORC – WITHOUT PORK. J'étais heureux d'avoir eu cette discussion. J'avais enfin l'impression d'être soutenu par la population locale.

14

Le sacrifice

A compter de ce jour, plus rien ne sera comme avant. Plus rien ne sera comme avant dans nos vies d'hommes et de militaires. Un gouffre s'est ouvert dans la vallée de Bedraou. Au fond du précipice, la 4e compagnie a vu ce qu'elle espérait ne jamais voir. Personne n'oubliera ces heures-là. Personne ne pourra reprendre le cours de son existence comme s'il ne s'était rien passé. Je ne souhaite pas parler du drame survenu dans cette vallée. Ces événements sont là, encore à vif dans mon esprit, et je ne veux pas les encombrer de mots. Certaines choses sont scellées par la douleur. Je préfère laisser les souvenirs faire leur œuvre.

Polak

Ma section a été « reconfigurée » pour des raisons tactiques à l'occasion du mandat afghan. Vert 3 a intégré des éléments de Vert 2, habituellement dirigé par l'adjudant Magid. Ce dernier est devenu mon sous-officier adjoint (SOA*) et plusieurs de ses hommes sont passés sous mes ordres. Parmi eux, le caporal Jean-Nicolas, surnommé « Polak ». Il a rejoint le groupe du sergent Anthony comme pilote. Nous avons eu une longue discussion avant notre départ pour Tagab. Jean-Nicolas souhaitait garder le poste de chef d'équipe* qu'il occupait au sein de Vert 2. La perspective d'attendre ses camarades dans un VAB ne l'enchantait guère. Il préférait agir à pied au cœur des dispositifs. Je l'ai convaincu d'accepter sa nouvelle fonction : dans le cadre de ce mandat, nous avions besoin d'un pilote expérimenté. « Reçu, mon lieutenant, a-t-il acquiescé. J'espère seulement que pour les missions sans VAB, je pourrai venir avec vous dans la zone verte… »

Je connais bien Jean-Nicolas. J'ai confiance en ses capacités. C'est sous mes ordres qu'il a suivi sa formation générale élémentaire en 2007. Il s'agit d'une étape importante pour les marsouins : elle permet de sélectionner les futurs chefs d'équipe. Pendant plus de deux mois, Polak a renoncé aux boîtes de nuit varoises pour se soumettre au rythme intense de l'instruction : longues marches d'initiation à la topographie, entraînement physique, cours de français, de mathématiques, de transmission… Un jour, dans le massif de l'Esterel, j'ai mis en place un exercice pour les jeunes chefs d'équipe en herbe. Jean-Nicolas devait assurer une mission de surveillance sur un vaste secteur. Deux marsouins ont été placés sous ses ordres pour l'occasion. En passant contrôler leur position, je les ai trouvés déployés à seulement quelques mètres les uns des autres.

— Pourquoi êtes-vous aussi rapprochés ? ai-je demandé. Comment espérez-vous couvrir toute la zone ?

Ils se regardaient en chiens de faïence, incapables de m'apporter une réponse.

— On voulait discuter avec Polak…, a fini par admettre l'un des marsouins.

— Reprenez vos positions et chouffez* ! ai-je ordonné.

En mon for intérieur, j'étais assez impressionné : le charisme de Jean-Nicolas les avait naturellement attirés !

Dans l'armée, on nous demande d'apprendre chaque jour quelque chose à nos subordonnés. La semaine dernière, c'est Jean-Nicolas qui m'a instruit. La section se reposait après trois jours de combats éprouvants dans la vallée d'Alah Say. Nous étions tous fiers de notre travail : ces missions périlleuses avaient permis à la police afghane d'interpeller une dizaine d'insurgés et de saisir un arsenal conséquent. Profitant de ces instants de répit, je me suis rendu sur le parking de la base pour observer un engin qui m'intriguait : le véhicule blindé à haute mobilité (VBHM*), composé de deux unités montées sur des chenilles. Les chasseurs alpins l'utilisent souvent pour se déplacer sur les terrains escarpés. Je connaissais les capacités théoriques de ce véhicule, mais je n'étais jamais monté à bord. J'ai fait appeler Jean-Nicolas, le seul marsouin de ma section habilité à s'en servir.

— Polak n'est pas dans sa chambre, m'a-t-on annoncé.

C'était prévisible. Plein d'entregent, Jean-Nicolas a ses entrées dans toutes les popotes de la base : j'ai fini par le dénicher dans celle des cavaliers légionnaires, décorée par le sergent-chef « Pano », fin dessinateur et fan de heavy metal. Jean-Nicolas écoutait un légionnaire québécois deviser sur ses bières favorites…

— Polak, au boulot ! ai-je lancé.

En l'espace de quelques minutes, nous étions à bord du VBHM, prêts pour un tour de piste. Lui comme pilote, moi comme chef de bord. Je ne me sentais pas vraiment à l'aise dans l'habitacle. J'avais vaguement l'impression d'être enfermé dans une boîte à savon. Jean-Nicolas a tenu à me donner un cours de conduite, me montrant comment se garer et franchir les obstacles. Entre deux tours, nous parlions de nos vies en France et du temps que nous avions passé ensemble pendant l'été 2007. On nous entendait sans doute rire de loin. Je mesure aujourd'hui combien ces moments étaient précieux.

Lolo

Lorsque le lieutenant Lorenzo a rejoint la 4e compagnie, en 2008, il s'est d'abord montré discret. Cet officier d'une quarantaine d'années a pris le temps d'étudier l'organisation de l'unité et le caractère de chaque homme. Puis, en quelques semaines, il est devenu « Lolo », l'indispensable interlocuteur des jeunes chefs de section. Son rire a envahi les rangs de notre compagnie. Nous découvrions un homme plein d'humour, aussi exigeant avec les autres qu'avec lui-même. Son humilité a immédiatement forcé notre admiration. Je ne l'ai jamais vu se vanter gratuitement, en dépit de ses décorations prestigieuses : croix de la Valeur militaire, avec étoile de bronze ; et médaille d'or de la Défense nationale. Exemple de gaieté et de modestie, les lieutenants de la 4e compagnie l'ont vite pris pour modèle.

Lolo dévoile sans cesse des talents cachés. Sur le plan physique d'abord. Du haut de ses quarante ans, il nous laisse loin derrière lui à la course à pied ou au grimper de corde. Dans le domaine de l'expérience ensuite. Ses missions l'ont déjà conduit au Gabon, en Centrafrique, au Kosovo, en Nouvelle-Calédonie ou encore en Côte d'Ivoire. Sa culture ne manque jamais de nous surprendre. Un jour, comme nous étions au beau milieu d'un camp d'entraînement, il s'est amusé à nommer chaque plante et chaque oiseau qui se trouvaient sur notre route. Sans faute. La précision de cette nomenclature nous a laissés sans voix.

— Nico, tu vois cet oiseau là-bas ? a-t-il chuchoté au détour d'un chemin. C'est une mésange charbonnière.

J'avais le sentiment qu'il y voyait un poème à part entière.

— Enfin, Lolo, ai-je plaisanté, tu sais bien que je ne connais qu'un volatile : l'aigle de Nice !

Plus tard, au cours d'un déjeuner où nous parlions d'aviation, j'ai appris qu'il était titulaire d'un brevet de pilotage. Je le savais grand amateur de sauts en parachute, mais j'ignorais qu'il était également capable de tenir le manche.

Il y a quelques jours, à Tagab, j'ai moi aussi réussi à l'étonner. Lolo me cherchait pour me remettre des documents. Quand il est entré dans ma chambre, je jouais du piano sur mon clavier électronique.

— Tu sais jouer ? s'est-il étonné.

— J'ai quelques restes de mes années au conservatoire de Nice…

— Tu sais que j'adore la musique classique. Tu peux me jouer quelque chose ?

J'ai entamé la très connue *Lettre à Elise* de Beethoven. A la fin du morceau, j'ai vu passer une expression nostalgique sur son visage. Il m'a confié que l'un de ses fils étudiait le piano :

— Il me joue parfois une partition au téléphone, ça me fait du bien de l'écouter...

J'ai profité de ce moment d'intimité – si rare à Tagab – pour lui faire part de mes interrogations sur la vie de couple : comment composer au mieux avec de si longues absences ? Lolo connaît Maguelone. Il l'a rencontrée à Fréjus, lors d'une soirée organisée par les lieutenants. Nous avons parlé d'elle, puis de sa femme à lui.

— Au retour d'une opération extérieure, a-t-il ajouté, nos proches ont besoin d'un temps d'adaptation. A chaque fois, il me faut une bonne dizaine de jours pour retrouver ma place. C'est normal : quand je ne suis pas là, tout le monde s'organise pour que la maison puisse continuer à tourner.

Ses conseils, issus d'une longue expérience, m'ont rassuré.

En Afghanistan, Lolo forme un excellent tandem avec le capitaine Laurent, dont il est l'adjoint. Ils connaissent parfaitement le terrain et préparent les missions avec soin. Les chefs de section ont une grande confiance en eux. Ils sont toujours là pour nous épauler, aussi bien dans le camp que sous le feu ennemi. Lolo n'hésite pourtant pas à nous « remonter les cales », c'est-à-dire à nous rappeler à l'ordre, lorsqu'il le juge nécessaire. La semaine dernière, aux abords du village de Jalokhel, dans la vallée d'Alah Say, le groupe génie du sergent Dragos m'a avisé d'une « suspicion IED ». Une grande prudence est de mise dans ce secteur, surtout l'été, période à laquelle des combattants expérimentés venus du Pakistan viennent renforcer les rangs des insurgés. Après avoir déployé ma section pour pallier un éventuel accrochage, j'ai rejoint le sergent Dragos. Sous une couche de terre, nous avons découvert un obus de mortier converti en IED. J'ai immédiatement mis en place un périmètre de sécurité pour protéger la population. L'intervention s'est déroulée dans le calme, sans prise à partie. Le soir, de retour à la base, lorsque j'ai relaté ces événements à Lolo, il s'est emporté :

— Tu t'es approché de l'engin explosif ?

— J'ai seulement accompagné le sergent Dragos…

— Tu es un fantassin, pas un sapeur. Chacun sa mission. La Légion d'honneur, tu l'auras peut-être un jour, mais pas à Tagab…

Il savait aussi bien que moi que les lieutenants et les militaires du rang n'obtiennent jamais cette récompense de leur vivant.

Dans les jours qui ont suivi les événements tragiques de Bedraou, le président de la République française a décerné la Légion d'honneur au caporal-chef Jean-Nicolas Panezyck et au capitaine Lorenzo Mezzasalma. L'institution militaire octroie le grade supérieur à titre posthume aux combattants morts pour la France.

15

La « bascule »

La « bascule », mi-temps du mandat, survient dans une atmosphère de deuil. Trois mois derrière nous, trois mois devant. Nous avons parcouru la moitié du chemin. Lors des opérations précédentes, en particulier au Kosovo, le temps m'avait paru plus long après avoir franchi ce cap. Les jours s'étirent. Les esprits se tournent avec davantage d'impatience vers la France. La bascule n'est jamais une période facile. A Tagab, nous la vivons encore plus durement. Les nuées de poussière charriées par le vent dans les combes afghanes ont quelque chose de funèbre : elles effacent tout ce qui est immobile, elles recouvrent les hommes endormis d'une pellicule grise, à la manière d'un voile mortuaire. Au sein de la 4e compagnie, nous avons perdu des frères d'armes et nombre de nos camarades ont été blessés. Le première classe

Mickaël, les caporaux Sliman, Stéphane et Jonathan, les caporaux-chefs Alexandre et Fabien, le sergent Lib et l'adjudant Patrice sont rentrés en France pour se faire soigner.

Le sang versé nous confronte à notre propre finitude : personne n'est invincible, nous sommes tous mortels. « Après les événements de Bedraou, remarque le caporal Pascal, j'ai compris que je n'étais pas en Kevlar... » Mon état d'esprit, comme celui de mes marsouins, a changé. La nuit dernière, j'ai rêvé que le mandat touchait à sa fin : Maguelone, ma sœur et mes parents venaient m'accueillir à l'aéroport. Nous voulons tous rentrer en France et ne plus jamais remettre les pieds dans ces vallées vénéneuses.

Pourtant, des opérations difficiles nous attendent encore. Nous trouvons la force de les affronter grâce au souvenir de Lolo et Polak. Ils se sont sacrifiés pour nous. Ils avaient foi en leur mission : c'est à présent à nous de la mener à bien, jusqu'au bout. Ces derniers jours, la communauté du Pacifique a dressé deux autres totems près de la place d'armes, pour honorer et entretenir leur mémoire. Tous les marsouins expriment le même sentiment à leur manière : c'est pour leurs camarades, et seulement pour eux, qu'ils restent à Tagab. Le caporal-chef Pupu a trouvé une formule à la fois drôle et pudique pour traduire cette pensée : « Si je retourne dans la zone verte, c'est seulement pour garder mes compagnons de poker... » Personne ne songe à rentrer en France sans ses amis. La volonté de défendre les valeurs de notre pays, l'espoir de voir revenir la paix en Afghanistan se trouvent relégués au second plan. La principale motivation, celle qui s'impose désormais entre toutes, est simple : ne pas abandonner ses frères d'armes. Il s'agit d'un moment de vérité où chacun découvre le sens intime de son engagement.

Lorsque je songe au drame survenu dans la vallée de Bedraou, mon corps se rétracte instinctivement. Poings serrés. Douleur muette. Je n'exprime ma peine qu'auprès de deux personnes : le capitaine Damien et le caporal Jean-Christophe. Je les connais de longue date. Ce sont mes plus proches amis sur le camp. J'ai rencontré Damien à l'Ecole d'application de l'infanterie, il y a cinq ans. C'est un homme intelligent, solide moralement. Il en est déjà à son deuxième mandat en Afghanistan.

A Tagab, il officie comme adjoint au commandant d'unité, poste identique à celui de Lolo, mais au sein de la 2e compagnie. Damien passe me voir dans la soirée. Nous rejoignons une petite terrasse à l'est de la base pour nous entretenir au calme. Je lui parle de ce que j'ai vécu dans la zone verte. Il m'écoute et trouve des mots justes pour me soutenir. Dans l'espoir de me changer les idées, il me demande des nouvelles de Maguelone : « Alors, c'est pour quand le mariage ? Il faut y penser, tu te fais vieux : bientôt trente ans ! » Contre toute attente, il parvient à me faire sourire. C'est avec un peu de baume au cœur que je regagne mes quartiers.

Le lendemain matin, je retrouve Jean-Christophe à l'ordinaire. « JC », comme on le surnomme, a l'esprit pétillant et un moral de battant. Il vient de Saint-Roch, quartier de Nice où l'on pratique encore le « nissart », langue historique de la région. Nous prenons notre petit-déjeuner en parlant de choses anodines : mon cousin Jean-François m'a donné des nouvelles de notre ville chérie. Les touristes ont déserté les plages de galets gris. Les Niçois ont repris le travail. C'est la rentrée en France. « Mon père m'a offert un abonnement au Stade du Ray », lui dis-je. JC et moi avons fréquenté les tribunes de ce stade niçois bien avant d'endosser le treillis. En sortant de l'ordinaire, je l'accompagne jusqu'au poste de commandement de la compagnie, où il occupe la fonction d'opérateur radio. Nous sommes seuls dans la salle. Je sais que son cœur est aussi lourd que le mien. JC avait beaucoup d'affection pour Lolo et Polak. Les larmes prennent soudain le dessus. On tombe dans les bras l'un de l'autre. C'est à lui que j'ai confié le numéro de Maguelone au début du mandat. S'il m'arrive quelque chose, il sait ce qu'il doit faire.

Depuis les événements de Bedraou, les marsouins sont assaillis de coups de téléphone. La disparition de Lolo et de Polak a défrayé la chronique en France. J'ai passé beaucoup de temps au téléphone avec ma petite sœur pour la rassurer. Je sens chez elle une inquiétude plus pressante que celle de Maguelone ou de mes parents, même si elle fait tout pour n'en rien laisser paraître. Les dernières nouvelles n'ont pas contribué à l'apaiser. Audrey se fait du mauvais sang pour moi. Je lui dis que tout va bien, que je suis en bonne santé. Je parle du plaisir que j'aurai à la revoir pour les fêtes de Noël. « Promets-moi d'être prudent, frérot », dit-elle avant de raccrocher. Je me garde bien de lui préciser que la prudence, ici, ne suffit pas à conjurer le pire.

Je reçois un peu plus tard un appel de mon ami d'enfance, Thierry. Avec lui, j'ai fait les quatre cents coups sur les collines de l'Ouest. Il travaille aujourd'hui au service communication de la ville de Nice. Il me connaît par cœur. J'ai le plus grand mal à lui cacher mes états d'âme. Ces dernières heures, il a vécu un véritable calvaire. Il savait qu'un lieutenant de la 4e compagnie était tombé à Tagab. « Malheureusement, le calcul était simple, déplore Thierry. Il y a quatre lieutenants par compagnie. J'en ai donc déduit qu'il y avait une chance sur quatre pour que ce soit toi. A chaque fois que le téléphone sonnait dans mon bureau, j'avais peur de décrocher... C'était insupportable, j'ai pris mon courage à deux mains, j'ai fini par t'appeler... » Il se chargera de dire à nos amis communs que je suis sain et sauf. Je ne m'étends pas sur l'opération qui s'est déroulée à Bedraou. J'aimerais lui confier ma peine, lui expliquer que je traverse l'épreuve la plus douloureuse de ma vie. Mais à quoi bon nourrir son inquiétude ?

Pour faire diversion, je lui parle du système défensif de l'OGC-Nice. « Oui, oui, tu as raison, soupire-t-il, leur défense centrale n'est pas au point... » Il me laisse entendre qu'une discussion sur le thème « tout va bien, parlons de choses légères » n'est pas de mise aujourd'hui : trop d'attente, trop de frayeur.

Un officier, le capitaine Nicolas, se voit confier une mission difficile : remplacer Lolo auprès de notre commandant d'unité. Nous avons de la chance dans notre malheur : ce jeune Breton aux airs de Steve McQueen, père de six enfants, s'acquitte de cette lourde tâche avec une finesse impressionnante. A la fois frondeur et sensible, sachant distiller des notes d'humour au moment opportun, il parvient vite à gagner notre confiance. Ses qualités font l'unanimité : Nicolas est franc, attentionné et courageux. J'ai rarement vu un officier mêler avec autant de fluidité esprit de dérision et sérieux dans l'action.

Une opération importante est prévue cette semaine. Aux quatre coins du pays, le peuple afghan est appelé à élire ses représentants à la *Wolesi Jirga,* la chambre basse du Parlement. Le scrutin est organisé par une commission électorale indépendante avec le soutien de la communauté internationale. Dans les jours qui viennent, toutes les compagnies aideront l'ANA à sécuriser les bureaux de vote. Les marsouins, le moral en berne, savent ce qui les attend : les insurgés ne manqueront pas de mener des actions pour compromettre le bon déroulement du processus démocratique, qu'ils perçoivent comme un danger et un affront.

Nous sommes projetés sur les hauteurs de la vallée pour surveiller les bureaux de vote. L'atmosphère est lourde. Les civils qui s'approchent des urnes sont conscients des risques qu'ils courent. Toute mon attention se concentre sur les détails de mon dispositif. Et pourtant, je ne peux m'empêcher d'admirer le courage de ces hommes et de ces femmes : à Tagab, faire son devoir de citoyen peut s'avérer fatal. Comme nous l'avions prévu, les talibans passent rapidement à l'action. Les prises à partie se multiplient. Le réseau compagnie égrène une triste ritournelle : « VERT 3, CONTACT ! VERT 4, CONTACT ! » Malgré la violence du feu ennemi, les sections parviennent à maîtriser la situation. J'apprends qu'à Abdulkhel, village situé entre Nijrab et Tagab, un candidat vient d'échapper à un attentat suicide. Ses gardes du corps ont repéré un homme maigre avec un gros ventre et des rubans de Scotch sur les mains. Ils l'ont abattu de sept balles. Sur sa dépouille, on a retrouvé un gilet explosif garni de clous.

Les hommes de Vert 1, restés à la base en éléments d'alerte, sont paradoxalement plus exposés que nous : les insurgés portent à présent l'essentiel de leurs efforts sur le camp de Tagab. Ils pilonnent les baraquements au mortier. Les sirènes retentissent sans cesse. Des tirs d'artillerie sont déclenchés en riposte, mais les dégâts sont déjà nombreux : des obus ont touché le poste de commandement régimentaire, plusieurs zones-vie, ainsi que le site de maintenance. Plus grave : j'apprends que le commandant Stéphane a été grièvement blessé aux membres inférieurs, en plein milieu de la base. C'est une fois de plus un sentiment d'injustice et d'impuissance qui nous envahit. A la nuit tombée, on m'annonce que l'officier, évacué en urgence à Kaboul, est déjà sur la table d'opération : ses jours ne sont pas en danger, mais il devra être amputé.

Après quelques heures de sommeil, le capitaine Jeff me fait appeler au poste de commandement. Une mission vient d'être ajoutée à notre programme : nous devons retourner dans la vallée de Bedraou pour neutraliser plusieurs obus qui n'ont pas explosé lors de la riposte. Je suis stupéfait : mes marsouins s'apprêtent donc à risquer leur vie à l'endroit même où ils ont vu tomber leurs camarades ? Je laisse exploser ma surprise :

— Qui a décidé de cette mission ? Quel est l'intérêt de revenir dans ce secteur où nous serons forcément pris à partie ? Pour désamorcer ces obus, combien d'autres seront tirés ?

— C'est un ordre, coupe Jeff. La France n'a pas l'intention de laisser traîner des obus susceptibles d'exploser sur des civils.

Malgré l'ampleur de mon incompréhension, je n'ai pas le choix. Ce sont en effet les ordres, je dois les exécuter.

Lors des opérations précédentes, au Kosovo ou en Guyane, les poussées d'adrénaline pouvaient m'apporter une forme de plaisir, un plaisir lié à l'excitation : garder son sang-froid face à une foule survoltée, encercler des camps d'orpailleurs illégaux, tendre des embuscades en forêt profonde. Dans ces moments, je me laissais parfois griser par l'action : l'aventure, les tensions soudaines, la surprise du danger. Au cours de ces missions, les risques étaient toujours mesurés : au Kosovo, les tirs ne nous visaient jamais directement ; en Guyane, les orpailleurs n'étaient armés que de fusils de chasse qui ne faisaient guère le poids face à nos équipements. En Afghanistan, l'« ivresse de l'adrénaline » n'exerce plus aucun charme sur moi : elle ne m'apporte qu'anxiété et appréhension. La perspective de mourir ou de voir mourir ses camarades ôte tout plaisir à l'action.

Les capitaines de ma compagnie savent que nos hommes ont été rudement éprouvés ces derniers jours. Aussi préparent-ils la mission de Bedraou en limitant les risques au maximum : l'infiltration dans la zone verte aura lieu pendant la nuit et nous resterons peu de temps sur place. Plus nous demeurons statiques au grand jour, plus les insurgés sont enclins à agir. D'autres dispositions contribuent à soutenir le moral des troupes : le chef des opérations, le lieutenant-colonel Fabrice, nous accompagnera sur le terrain. Comme le colonel de Mesmay, il n'hésite pas à traverser les dispositifs sous le feu ennemi lorsqu'il l'estime nécessaire. Dans ces moments difficiles, la présence des chefs nous redonne confiance.

Ma section gagne Bedraou avant le lever du jour. Nous progressons à grandes enjambées, lunettes de vision nocturne sur les yeux. Chacun s'efforce de mettre ses émotions entre parenthèses pour se concentrer sur l'essentiel : veiller sur ses camarades. Mes hommes, la rage au cœur, agissent avec un parfait sang-froid. Nous voilà à nouveau dans cette funeste vallée pour accomplir notre devoir, fidèles à la devise du 21e RIMa : « Croche et tient. » Dans les profondeurs de la nuit, les marsouins captent une odeur rassurante : Terre d'Hermès, l'eau de toilette du lieutenant-colonel Fabrice. Nous sommes tous contents qu'il soit à nos côtés. L'opération se déroule sans heurt. Les spécialistes neutralisent rapidement les obus. La compagnie s'exfiltre dans le calme, sans laisser le temps aux insurgés de passer à l'offensive. Une fois n'est pas coutume…

16

Kevin le Maudit

A mesure que la fin du mandat approche, les marsouins s'attardent davantage dans la salle Internet pour dialoguer avec leurs proches. Grâce aux logiciels Skype et MSN, ils peuvent voir leur femme et leurs enfants en direct. Après cinq mois de mission, la vie civile nous manque cruellement. Casque vissé sur les oreilles, les soldats essaient de parler le plus bas possible, mais il est difficile de ne pas entendre son voisin. On n'ignore rien des tribulations de son couple ou des achats qu'il prévoit de faire une fois de retour en France. La semaine dernière, sur un écran, j'ai aperçu le visage d'un bébé : il a été mis au monde pendant que son père était en Afghanistan.

Ce matin, je me rends très tôt dans la salle Internet pour être sûr d'avoir un poste disponible. C'est un jour particulier : le premier anniversaire de ma rencontre avec Maguelone. J'ai demandé à mon ami Thierry de lui remettre un album photo que j'ai soigneusement préparé. Il m'a fallu du temps pour rassembler et organiser les images depuis Tagab, mais je suis content du résultat. L'album évoque les voyages que nous avons faits ensemble : l'Italie, l'Autriche, la Guadeloupe… Sans oublier Valberg, dans l'arrière-pays niçois. Mon père est originaire de ce village montagneux, où il a été moniteur de ski. J'y ai emmené Maguelone l'hiver dernier. Je regrette de ne pouvoir être auprès d'elle en ce jour. Je dois me contenter de quelques mots doux échangés à cinq mille kilomètres de distance.

Les militaires – sans doute pour s'excuser de leurs absences – s'abandonnent volontiers à un romantisme exubérant. Je me souviens de la surprise que mon ancien chef de groupe*, le sergent Alex, rugbyman au grand cœur, avait réservée à sa femme pour la Saint-Valentin : un lit entièrement tapissé de pétales de rose… Pendant les opérations extérieures, une confiance réciproque est indispensable pour surmonter l'éloignement, sans quoi on se laisse vite aller à de douloureuses spéculations. Depuis le début du mandat, les femmes des marsouins se retrouvent de temps à autre à Fréjus pour organiser des sorties « entre filles ». Maguelone, qui étudie à Aix-en-Provence, ne peut pas les accompagner. Mais je sais qu'elle a besoin, elle aussi, de s'amuser avec ses amis. Je me surprends parfois à penser aux hommes qui tournent autour d'elle. Comme tous mes camarades, je connais leur baratin : « Ah, ton petit ami est en mission ? Moi, si j'avais une belle femme comme toi, je ne l'abandonnerais jamais... » Pour plaisanter, nous attribuons un nom fictif à ces playboys de pizzeria qui profitent de notre absence : « Kevin ». C'est une invention lancée il y a quelques années par l'un de mes caporaux-chefs. Depuis, elle fait autorité dans la section.

Contrairement à ce que l'on pourrait croire, le taux de divorce dans mon régiment – 2 % – est inférieur à celui qui prévaut dans la société civile. Au sein de ma section, sur trente marsouins, un seul est divorcé. Il arrive toutefois que des couples se séparent au beau milieu d'une mission. Au Kosovo, l'un de mes caporaux s'est fait plaquer par sa copine du jour au lendemain. Ici, à Tagab, un autre de mes hommes a appris que sa petite amie avait une relation. Elle ne s'en était pas cachée : le marsouin en question a découvert sur Facebook la photo de son successeur… Ces « dommages collatéraux » sont heureusement rares : le plus souvent, Kevin n'est que le nom d'une inquiétude passagère.

L'amour a besoin de réciprocité : de temps à autre, nos compagnes succombent elles aussi à des accès de jalousie. A Tagab plus qu'ailleurs, leur colère trouve peu d'arguments pour s'épanouir : sur le camp, il y a moins de dix femmes ; et dehors, il nous est interdit de regarder les Afghanes… Et quand bien même nous aurions ce droit, nos yeux buteraient sur le tissu opaque des *burqa.* Au-delà de ces contingences, quel homme sincèrement épris de sa petite amie songerait à la tromper alors qu'il risque de perdre la vie d'un instant à l'autre ? Chaque minute, ici, peut être la dernière : personne ne souhaite consacrer un moment aussi fragile et précieux à un acte de trahison.

Sur la base, des incidents entre hommes et femmes peuvent survenir, mais ils sont rares. Le seul qui ait été porté à ma connaissance depuis que je suis en Afghanistan s'est produit la semaine passée. Lors d'un *mission brief*, le capitaine Laurent nous a appris qu'un interprète afghan avait été renvoyé : il avait passé sa tête par-dessus la cloison des douches pour regarder une capitaine... On aurait pourtant tort de croire que les « personnels féminins » sont harcelés ou essuient des remarques machistes à longueur de journée. Elles sont respectées et participent à nos missions sur un pied d'égalité. A une exception près : sur le terrain, elles doivent faire face à une surcharge de travail. En effet, lorsqu'une fouille est organisée, elles seules sont autorisées à s'approcher des femmes afghanes. Quand des accrochages surviennent avec les insurgés, elles se montrent tout aussi professionnelles que les hommes. Au cœur de la zone verte, la caporal-chef Emilie, la capitaine Gwenaelle ou encore la lieutenant Férouze n'hésitent pas à armer leur Famas.

Emilie occupe un poste d'auxiliaire sanitaire. Son cœur est pris par un beau Tahitien nommé Téva. J'ai déjà travaillé avec elle. Je sais combien elle est fiable et courageuse. L'an dernier, elle était dans les rangs de ma section en Guyane. Nous menions une mission contre l'orpaillage illégal. Pendant quatre mois, la compagnie s'est employée à repérer et à démanteler des placers* en forêt profonde, où les chercheurs d'or étaient ravitaillés par quads. Moins d'un an avant notre départ pour l'Afghanistan, cette expérience m'a permis de tester la résistance de Vert 3 : trente hommes loin de tout, au milieu d'une jungle hostile. Dans ces conditions, impossible de biaiser. J'étais seul face à mes responsabilités, plus que jamais soucieux de me montrer juste, ferme et attentif. Dans l'imaginaire collectif, on songe bien sûr au contre-exemple incarné par le colonel Kurtz d'*Apocalypse Now* : isolé avec ses hommes au milieu de la forêt, il se laisse aller à une dérive sanguinaire… Ce film librement adapté du livre de Joseph Conrad, *Au cœur des ténèbres*, est une belle variation sur les limites de l'autorité.

En Guyane, la caporal-chef Emilie s'est particulièrement illustrée au cours d'une opération qui se déroulait près de la frontière surinamienne. Après avoir suivi des traces de quads sous la canopée, nous avons découvert un vaste site d'orpaillage illégal. L'intervention s'annonçait délicate. Nous étions à une bonne journée de marche du premier fleuve. Je n'avais avec moi que dix marsouins, parmi lesquels Emilie et le caporal-chef Julio. Les *garimpeiros* devaient être une soixantaine. Le seul avantage dont nous disposions tenait à notre équipement : les orpailleurs clandestins avaient des Baïkal, fusils russes à un coup ; nous avions des Famas, capables de délivrer vingt-cinq cartouches en rafale. Je décidai de tenter une action en privilégiant l'effet de surprise. Quand ils nous ont vus débarquer arme au poing, les chercheurs d'or – pour l'essentiel des Surinamiens et des Brésiliens – ont immédiatement pris la fuite. Sans tirer un seul coup de feu, nous avons mis la main sur plusieurs tables de levée d'or, des groupes électrogènes et des motopompes. L'organisation déployée était impressionnante. Au cœur de la jungle, ils avaient créé une petite ville autonome, avec des réfrigérateurs, des télévisions, un écran de cinéma et même un salon de coiffure !

L'action des militaires sur le territoire français est soumise à de subtiles conditions juridiques. La procédure exigeait que nous attendions les gendarmes pour confisquer et détruire le matériel. Ces renforts n'arriveraient que le lendemain. Il fallait se préparer à passer la nuit sur cette position. J'ai déployé un dispositif resserré autour du placer : n'étant que dix, il était inutile et dangereux de s'éparpiller. En effet, après le coucher du soleil, les clandestins tenteraient sûrement de récupérer leurs motopompes et leurs groupes électrogènes. Nous avons installé nos hamacs en cercle et allumé un grand feu pour surveiller les environs. Les tours de garde ont débuté dans une atmosphère tendue.

Je restais à l'écoute du réseau radio pour évaluer l'avancée des renforts. Deux gendarmes, accompagnés du capitaine Laurent, avaient déjà accompli un long trajet en quad pendant la nuit. Après un bivouac sommaire, ils ont repris la progression à pied, plein azimut dans la jungle. Ils nous ont rejoints dès l'aube. Il nous restait à attendre le gros de la troupe, d'autres gendarmes ayant préféré dormir au camp et partir de jour. Ces heures d'attente m'ont paru interminables. Des aras s'ébrouaient dans les arbres. Emilie soignait un marsouin qui s'était blessé avec sa machette. Les renforts sont arrivés en fin d'après-midi. Les gendarmes se sont immédiatement mis à l'œuvre, entamant la destruction du matériel. Une fois ce travail accompli, au moment où mes hommes s'apprêtaient à rejoindre le poste de contrôle fluvial tenu par la 4e compagnie, le capitaine Laurent m'a donné un ordre inattendu :

— En venant, j'ai remarqué de nombreuses traces de quads sur les pistes. Il doit y avoir d'autres sites d'orpaillage dans le secteur. Tu vas rester sur ta position deux jours de plus pour les repérer.

— Reçu, mon capitaine…, ai-je lâché avec amertume.

Nous étions épuisés et avions tout juste de quoi tenir en eau et en nourriture. A la nuit tombée, mon groupe s'est à nouveau retrouvé seul dans la forêt profonde. La rumeur des *garimpeiros* avait disparu, mais une noria de moustiques se chargeait de compromettre notre sommeil. Le lendemain, des éléments sont restés près du placer détruit pendant que j'évoluais en repérage avec une équipe de trois marsouins. Après une marche de plusieurs kilomètres, nous avons atteint une bifurcation. Il fallait à nouveau se scinder. Julio et le caporal Christophe ont pris à gauche, Emilie et moi à droite. J'ai bientôt remarqué des traces de pas sur le sol : le sentier était visiblement très fréquenté. Nous marchions en chuchotant. Emilie me parlait de l'Algérie, dont elle est originaire. Je lui décrivais en retour l'auberge familiale de ma cousine Nicole et de son mari Jacques en Corse, à Poggio-de-Venaco, non loin de Corte. Sous la canopée guyanaise, je sentais presque les saveurs divines qui flottent dans leur établissement. Elle m'a soudainement interrompu : « Chut, mon lieutenant ! Regardez... » Elle désignait des abris clandestins en contrebas. Après avoir armé nos Famas, nous sommes discrètement descendus au creux du vallon. Emilie avançait en tête, ses cheveux noirs tenus par un chapeau de brousse. Le placer était désert, mais nous avons saisi deux tables de levée d'or et quelques pompes à moteur. Le capitaine Laurent avait raison : il n'était pas inutile de prolonger la mission. Aujourd'hui, sur les cartes, ce site d'orpaillage illégal est baptisé « Emilie ».

L'égalité n'interdit pas la courtoisie : à Tagab, contrairement au commun des marsouins, les femmes militaires sont conviées à tous les barbecues... Je propose ainsi à Férouze de se joindre à nous pour mon anniversaire, qui tombe quelques jours avant la fin du mandat.

— Je vais essayer de passer, me promet-elle. Mais ce soir, je suis conviée à trois barbecues...

— C'est curieux, lui ai-je répondu. Sur la base, aucun être tristement velu n'est invité à plusieurs dîners le même soir !

Elle trouve finalement le temps de passer pour me souhaiter un joyeux anniversaire. Les Polynésiens de Vert 3 ont préparé deux cochons à la broche et des dizaines de cuisses de poulet, assortis d'une « sauce diabolique ». Cet événement a toutefois un goût amer pour moi : je passe le cap des trente ans en Kapisa, loin de Maguelone et de ma famille.

J'aurais préféré organiser cette fête une semaine plus tard, en France. Mais pour l'heure, les missions continuent. Au loin, les sommets de l'Hindou Kouch sont déjà enneigés. L'hiver afghan arrive. Les températures chutent brutalement pendant la nuit. Lorsqu'on se déploie avant le lever du jour, on emporte des polaires et des écharpes pour se protéger du froid. Vert 3 doit parfois traverser à pied les eaux glaciales du *wadi*, avant de poursuivre sa marche en suant. Une fois sur nos positions, à l'arrêt, l'humidité des treillis nous fait grelotter. A l'aube, les premiers rayons du soleil nous réchauffent agréablement, mais ils deviennent vite agressifs, nous enveloppant bientôt d'une chaleur suffocante. On se défait peu à peu de nos vêtements pour finir en chemise UBAS, à nouveau trempés de sueur sous le gilet pare-balles.

Dans l'attente du retour, une nouvelle mesure du temps s'est installée : on compte les semaines restantes en se fiant au nombre des tickets de laverie. Désormais, je n'en ai plus qu'un, ce qui équivaut à sept jours. Le 7e bataillon de chasseurs alpins nous relève peu à peu, par vagues successives. Ces soldats, qui portent un béret appelé « tarte », sont frais et pleins d'élan. L'état d'esprit des marsouins, lui, est à l'impatience et à l'anxiété. Ma section, comme toutes celles du 21e RIMa, ne s'aventure désormais dans la zone verte qu'avec appréhension. Nous pensons tous la même chose : « Et si le pire arrivait juste avant de rentrer, après tant d'efforts et d'abnégation ? »

17

Le retour

Après six mois de combats dans les vallées afghanes, c'est avec une impression d'irréalité que nous atterrissons à Chypre. Les marsouins vont passer trois jours dans un hôtel cinq étoiles : farniente au bord de la piscine, excursions en mer, visites de sites historiques… Il s'agit d'un passage obligé pour les soldats français qui reviennent d'Afghanistan. Entre les soubresauts meurtriers de la zone verte et le quotidien de la vie civile, l'armée prévoit un « sas de décompression ». L'île de Chypre est divisée en deux parties : l'une est occupée par une communauté turque, l'autre par une communauté grecque. Le long de la « ligne verte », une force de l'ONU, l'*United Nations Peacekeeping Force in Cyprus,* est chargée du maintien de la paix. L'hôtel où nous sommes logés, à Paphos, dans la partie grecque, est situé loin de cette zone tampon. Aucune tension n'y est perceptible.

Curieusement, lorsque nous étions encore à Tagab, la plupart des marsouins envisageaient cette étape en soupirant : à leurs yeux, elle ne servait qu'à différer le retour en France. L'impatience était encore plus pressante pour les jeunes pères : devraient-ils passer plusieurs jours à Chypre avant de tenir leur nouveau-né dans les bras ? A présent, sous le soleil méditerranéen, chacun comprend l'utilité de ce « sas ». Un temps d'adaptation est nécessaire pour se fondre dans la foule sans chercher à déceler la présence d'un ennemi ; pour aspirer une bouffée d'air sans se dire qu'il s'agit peut-être de la dernière. Je me souviens d'une histoire que m'avait racontée un sapeur légionnaire à son retour d'Afghanistan : « Ma famille croit que je suis cinglé. L'autre jour, sur le parking du Carrefour, en chargeant les courses dans le coffre, j'ai instinctivement regardé sous la voiture, comme pour m'assurer qu'il n'y avait pas d'engin explosif ! Tout d'un coup, en m'apercevant de l'absurdité de ce geste, je me suis marré tout seul… C'est quand même grave ! »

Il est difficile d'évacuer six mois de tension en quelques jours : même à Chypre, les marsouins restent à l'affût du danger. Il y a quelques jours, deux sections de la 1re compagnie marchaient le long du port de Paphos pour rejoindre le musée de Dionysos. Sur un rond-point, le pot d'échappement d'une voiture a produit une forte détonation. Deux hommes se sont plaqués au sol, un autre s'est posté derrière un muret… En une fraction de seconde, cette pétarade a replongé tous les esprits en Kapisa. Un caporal a fini par sourire. Il a observé ses camarades en tenue de sport ainsi que le vieux pot d'échappement à l'origine de la déflagration, puis a lancé en plaisantant : « Rien à signaler, on peut entrer dans le musée… »

Je suis tout ému de dormir dans un vrai lit, un lit d'hôtel. Finis les baraquements à dix hantés par les ronflements ! Je ne partage ma chambre qu'avec une personne, mon ami niçois, le caporal Jean-Christophe. Nous pouvons enfin parler de l'avenir sereinement. Le matin, en me levant, je ne risque pas de trébucher sur un gilet pare-balles ou un Famas : nos équipements de combat ont été mis sous caisse à Kaboul. J'ai ressenti une impression étrange en me délestant de ces armes qui m'avaient accompagné pendant six mois.

Aucun tir de mortier, aucune rafale ne trouble les nuits chypriotes. On entend simplement la rumeur du vent dans les palmiers. Le contraste est saisissant. Quelques jours avant notre départ de Tagab, la base s'est dotée d'un aérostat de surveillance. Cet engin, qui ressemble à un gros ballon de rugby, est équipé de caméras thermiques. Une technologie de pointe qui permet d'identifier le grade d'un soldat posté au fond de la vallée d'Alah Say… L'installation s'est faite pendant la nuit. A l'aube, lorsque les insurgés ont découvert l'aéronef, ils l'ont pris pour cible à la kalachnikov. Les tirs étaient trop lointains pour l'endommager. Mais ces claquements secs nous ont tous fait sursauter. Nous sommes habitués à la détonation des Famas : elle résonne souvent sur le camp, lors des séances d'entraînement. Ce matin-là, seules les rafales de kalachnikov nous ont arrachés au sommeil. C'est dire à quel point nous étions sous tension : même au fond de nos rêves, une partie de notre esprit restait à l'affût du danger.

Je ne me sens pas entièrement tranquille à Chypre : quelques éléments de ma section sont encore à Tagab. Les départs s'étalent sur une quinzaine de jours. Les marsouins sont remplacés au fur et à mesure par les soldats du 7e bataillon de chasseurs alpins. J'ai fait partie de l'avant-dernier roulement. L'adjudant Magid a géré le matériel au cours du mandat ; il doit désormais le transmettre à la relève. Plusieurs de mes hommes sont restés à ses côtés pour l'aider dans cette tâche. Lorsque j'apprends qu'ils sont tous arrivés sans encombre à Kaboul, je me sens tout à fait soulagé. Cette fois-ci, c'est sûr : la menace talibane, les tirs de roquette, les IED sournois sont loin de Vert 3. Plus de blindés, plus de Toyota Corolla… Je peux enfin me relâcher : à moi les séances de sport, les bons repas, les balades sans arme dans la douceur chypriote.

Entre deux excursions, nous participons à des entretiens – collectifs ou individuels – avec des psychologues et des psychiatres dépêchés par la Cellule d'intervention et de soutien psychologique de l'armée de terre (CISPAT). Les marsouins sont invités à livrer tout ce qu'ils ont sur le cœur. Nous sommes reçus par groupes de dix. Chacun parle librement, sans se soucier de ce que pensera ou dira le voisin. Le secret médical m'interdit de détailler les mots échangés au cours de ces séances, mais j'en suis sorti en étant convaincu qu'elles avaient été utiles, pour les autres comme pour moi. Nous amortissons peu à peu le choc. Au moment de quitter Chypre, je ressens une drôle d'appréhension : dès demain, je vais revoir mes parents, ma sœur, Maguelone…

Après un vol de nuit jusqu'à Istres, dans les Bouches-du-Rhône, nous prenons le chemin de la base de Fréjus en bus. Là-bas, plusieurs de nos camarades, partis en avance de Tagab, nous attendent de pied ferme. En particulier l'adjudant-chef Rudolphe, chargé au sein de la 4e compagnie de tous les aspects de la vie en collectivité : approvisionnement, nourriture, logement… Du haut de ses quarante-huit ans, ce Tahitien est connu pour être un travailleur acharné : on a coutume de dire qu'il fait ses trente-cinq heures en une journée ! Le peu de confort dont nous disposons en mission, c'est à lui que nous le devons. Dans la jungle guyanaise, il avait transformé notre camp en hôtel trois étoiles. Très exigeant avec lui-même, il met souvent les marsouins à contribution : entre ses mains, ils deviennent de véritables couteaux suisses ! Les marchands afghans de la base ont découvert en lui un redoutable négociateur. Comme beaucoup de Tahitiens, l'adjudant-chef Rudolphe n'argumente pas en gesticulant ou en criant : un seul de ses regards suffit à foudroyer son interlocuteur…

D'autres camarades nous attendent avec impatience à la garnison de Fréjus. Je pense à tous ceux qui n'ont pas pu participer au mandat afghan. Peu avant notre départ, l'adjudant-chef Sergio et l'adjudant Cous ont ainsi été mutés de la 4e à la 3e compagnie pour assurer l'instruction des jeunes recrues à Fréjus. Tous deux ont très mal vécu ce désistement forcé. L'adjudant Cous s'est engagé comme marsouin, avant de gravir un à un les échelons hiérarchiques : chef d'équipe, chef de groupe, et enfin adjoint au chef de section au sein de Vert 3. Il a servi en Centrafrique, en Bosnie, en Côte d'Ivoire, au Kosovo ou encore en Guyane. L'Afghanistan est considéré par les militaires comme l'« opération des opérations » : le théâtre où « il faut être ». Quant à l'adjudant-chef Sergio, dont le charisme et l'élégance font l'admiration de toutes les Varoises, il commandait déjà Vert 2 lorsque je suis arrivé à la compagnie. En tant que chef de section de combat, il a lui aussi perçu comme un mauvais coup du sort sa mutation de dernière minute. On s'engage pour être au cœur de l'action, pas pour attendre ses camarades avec un sentiment d'impuissance.

Ceux qui ont été blessés et évacués vers la France partagent le même sentiment d'impuissance, curieusement doublé d'une forte impression de culpabilité. C'est, entre autres choses, ce qui ressortait des nouvelles que nous avions de l'adjudant Patrice, touché dans la vallée de Bedraou le jour où nous avons perdu deux des nôtres. Ses deux jambes et un de ses bras ont été polycriblés par des éclats de canon, ce qui a entraîné de sérieuses séquelles : terminaisons nerveuses sectionnées et quadriceps coupés. D'abord rapatrié d'urgence à Kaboul, il a appris avec amertume qu'il ne pourrait pas retourner à Tagab. Chef de groupe des tireurs d'élite au sein de Vert 4, il ne voulait pas abandonner ses hommes. A l'hôpital militaire de Percy, à Clamart, près de Paris, il a été opéré huit fois. Contre toute attente, les remords ne cessaient de s'amplifier dans son esprit. Avait-il commis une faute ? En se retirant du théâtre, n'avait-il pas mis son groupe en danger ? Les psychiatres l'ont aidé à évacuer ce sentiment de culpabilité. Je comprends ce que l'adjudant Patrice a pu ressentir : il a été atteint dans sa responsabilité de chef, dans le lien essentiel qui unit les hommes au combat. Une blessure immatérielle, invisible, mais éminemment douloureuse.

La veille, j'ai reçu un appel de mon père : la famille viendra me chercher au grand complet à la garnison de Fréjus. Ce sera une première. D'habitude, je préfère quitter ou retrouver mes parents sur le seuil de leur maison, à Nice, pour ne pas donner une note trop grave et cérémonieuse à ces moments. Mais après tant d'attente et d'émotions, le retour de ce mandat fait exception. A mesure que nous approchons, un mélange de nervosité et de jubilation s'empare des troupes. Que vont penser nos proches ? Vont-ils nous trouver changés, soucieux, amaigris ? Il fait encore nuit quand le bus rallie le camp de Fréjus. Nous avons le temps de prendre une douche et de passer des vêtements frais avant l'arrivée des familles. Après une si longue absence, nous avons du mal à prendre toute la mesure de la situation : nous sommes en France, et dans quelques instants nos proches seront là, devant les bâtiments de la compagnie. Tandis que je me prépare avec mes hommes, nous entendons des talons claquer dans l'escalier. Au bout du couloir, je vois apparaître deux femmes magnifiques, deux femmes que j'aime plus que tout. Ma sœur et Maguelone se jettent dans mes bras. Elles n'ont pas eu la patience d'attendre en bas avec mes parents. On s'embrasse en balbutiant des mots émus. Les marsouins en profitent pour me « traquer » : « Eh bien, mon lieutenant, vous êtes sacrément gâté ! » Je descends rejoindre mon père et ma mère. Je les serre fort contre moi. Plus d'inquiétude, plus de danger.

18

Le manager multicartes

Je profite de chaque seconde passée aux côtés des miens. Les petites choses du quotidien me remplissent de joie : rire avec mes parents, enfiler une chemise, dîner avec de vrais couverts dans de vraies assiettes, m'endormir près de ma fiancée. Au cours de ce week-end délicieux, je ne parle pas de l'Afghanistan, des vallées meurtrières, des épreuves que mes hommes et moi avons traversées. La zone verte n'a qu'une vertu : elle nous emmène si loin des privilèges de la vie civile qu'on apprend à en saisir toute la valeur. Aujourd'hui plus que jamais, j'ai conscience de ma chance : être dans un environnement pacifique, en sécurité, avec ceux que j'aime.

Je songe à mes camarades du 21e RIMa qui ont découvert un nouveau-né à leur retour. Le caporal Thomas me raconte au téléphone la joie qu'il a ressentie en voyant pour la première fois sa petite fille Kiara, née au mois de juillet : « Elle était encore endormie quand je suis arrivé à la maison. Ma femme l'a soulevée et l'a placée doucement dans mes bras. Je chuchotais : "Tu ne me connais pas encore, mais je suis ton papa." J'ai vu défiler tous ces moments où je priais dans la zone verte pour rester vivant et avoir la chance de serrer cet enfant contre moi. Ses yeux ressemblent à deux perles noires, comme ceux de sa mère, originaire du Sénégal. Avec le biberon, le changement des couches et la grenouillère, je découvre peu à peu les paramètres d'une nouvelle mission ! »

Dans les rues de Fréjus, les habitants retrouvent la présence familière des militaires. Ils se renseignent au débotté sur l'état des troupes : « Il reste des gens du 21 en Afghanistan ? Qu'est-ce que vous avez fait là-bas ? Vous savez qu'on a beaucoup pensé à vous lors du décès de vos camarades ? » Tout le monde a suivi de près les événements de Kapisa. Les discothèques de la ville, si vides en hiver, se remplissent à nouveau. Les restaurants bruissent d'anecdotes afghanes. Les cintres des pressings se garnissent de treillis.

Les garages et les opérateurs de téléphonie mobile sont à l'affût : les marsouins lorgnent avec insistance sur la dernière BMW Série 1 et le forfait illimité de l'iPhone 4…

En début de semaine, le travail reprend déjà ses droits. Nous profiterons de nos congés dans quelques jours, après la dissolution du groupement tactique de Kapisa. La cérémonie se déroulera au cœur de Fréjus, sur la place Agricola. Dans l'attente de cet événement, je renoue avec la vie régimentaire d'un chef de section : mettre à jour les dossiers administratifs, entraîner les soldats, accompagner leur évolution. Le soir, lorsque je rejoins Maguelone, elle me pose la même question : « Qu'est-ce que tu as fait à Fréjus ? » Je lui apporte chaque jour une réponse différente, mais celle-ci suit le plus souvent un « canevas type » :

07 h 45 : Rassemblement de la compagnie
08 h 00 : Footing
09 h 30 : Instruction sur l'armement
12 h 00 : Déjeuner
13 h 45 : Rassemblement de la section
14 h 00 : Instruction sur le matériel de transmission

16 h 00 : Cours d'anglais (nouvel objectif du chef de corps)
17 h 00 : Renforcement musculaire
17 h 45 : Fin du travail

La programmation occupe une place primordiale dans l'armée. Nos supérieurs planifient les activités du régiment sur une ou deux années, en prévoyant notamment les projections hors de l'Hexagone. Les chefs de section, quant à eux, doivent dresser chaque semaine un emploi du temps précis. A tous les échelons hiérarchiques, l'institution entretien le « culte du planning ». Il me faut simultanément assurer le suivi administratif de mes hommes, un travail conséquent. Chaque soldat se voit attribuer un « livret d'instruction » sur lequel figurent ses activités : tests sportifs, séances d'entraînement au tir, heures de conduite de véhicule militaire... La mise à jour de ce document est déterminante pour les marsouins. Si les chefs de section changent de poste tous les trois ans environ, les militaires du rang peuvent rester plus d'une dizaine d'années au sein de la même unité. Dans ces conditions, la continuité administrative prend tout son sens.

Une fois les données réactualisées, je peux enfin me pencher sur l'essentiel : l'évolution de mes hommes. Quels stages souhaitent-ils effectuer ? Quelle spécialité leur convient le mieux ? Tireur de précision, opérateur radiographiste ? Y a-t-il des candidats pour passer le permis poids lourd ou la qualification véhicule de l'avant blindé (VAB) ? Ou encore le certificat militaire élémentaire (CME) ? Cet examen permet d'obtenir le grade de caporal. Le chef de section doit tout faire pour faciliter la progression de ses subordonnés. En définitive, les missions de combat occupent une place marginale dans l'agenda militaire : je consacre l'essentiel de mon temps à officier comme « lieutenant-manager ».

Il me faut prendre en compte toute une série de questions personnelles : les soucis familiaux, les problèmes financiers, les changements de logement… Contrairement à une idée répandue, les militaires ne disposent pas d'un logement de fonction. Seuls les hommes du rang ont la possibilité de rester dormir dans les bâtiments de la compagnie, où des chambres de quatre sont gratuitement mises à leur disposition. S'ils souhaitent s'installer en couple, ils peuvent, comme les officiers et les sous-officiers, profiter des accords que l'armée passe avec des structures immobilières pour bénéficier de loyers accessibles. Les résultats de ces négociations sont variables. Mais à Fréjus, ils permettent aux militaires – tous grades confondus – d'être logés en résidence pour un prix raisonnable. Autre option : les bâtiments cadres célibataires (BCC), souvent destinés à ceux qui n'ont pas voulu faire déménager leur famille le temps d'une affectation. Installés non loin de la base, ils ont vaguement l'allure d'une résidence universitaire. Moyennant une somme modique – moins de cinquante euros –, les BCC offrent une chambre individuelle aux militaires. Il y a enfin une dernière possibilité, celle que j'ai choisie : prendre par ses propres moyens un appartement dans l'endroit de son choix.

Le management de ma section est un combat quotidien. Certes, la formation qu'on m'a dispensée met un accent particulier sur la gestion des ressources humaines, mais je ne m'attendais pas à devenir un véritable « conseiller social » ! J'ai appris que ce rôle, loin d'être d'anecdotique, constitue le « nerf » du commandement. Seul un investissement au jour le jour permet de gagner le respect de ses soldats. C'est grâce à lui que mes ordres sont suivis sur le terrain. Au-delà de la vie régimentaire, les marsouins savent qu'ils peuvent compter sur moi. Certains d'entre eux n'hésitent pas à frapper à la porte de mon bureau pour solliciter mon avis sur un crédit ou une brouille de voisinage. Jongler avec les exigences militaires et civiles de trente personnes n'a rien d'une sinécure ; c'est pourtant ce qui fait tout le sel de mon travail. Vert 3 est bien plus qu'une section de combat, c'est une famille à part entière.

Mon père me racontait que lors de son service militaire, il lisait des lettres à son compagnon de chambre, qui était analphabète. Aujourd'hui, les temps ont changé, mais les cadres de l'armée jouent encore un rôle social. La mission que m'a confiée l'institution consiste essentiellement à former et à conseiller les hommes. Existe-t-il de plus belles promesses pour l'avenir ?

Épilogue

C'est la fin officielle du mandat. L'heure de la dissolution. Le GTIA HERMÈS défile en uniforme dans les rues de Fréjus, sous les applaudissements de la population. En ces instants de communion, nous nous sentons pleinement soutenus par nos concitoyens. Ils nous félicitent et nous encouragent, le regard ému. Ils savent que nous avons perdu trois des nôtres dans les combes de Kapisa.

Les troupes se rassemblent sur la place Agricola. Nos camarades blessés ont tous demandé à être là. Certains d'entre eux, encore hospitalisés, n'ont pas été autorisés à faire le déplacement. Je retrouve avec plaisir le caporal-chef Alexandre. Ce grand brun qui faisait craquer les filles de Mitrovica a été gravement touché au visage dans la vallée de Bedraou. Il a subi de nombreuses opérations chirurgicales. Son corps restera à jamais marqué par le conflit afghan. Cela n'entrave en rien sa bonne humeur. Il me parle de nos anciennes sorties dans les discothèques varoises. Il sait que j'ai découvert l'amour. Il est heureux pour moi, même s'il perd ainsi un compagnon de virée…

Après quelques mots du chef d'état-major de l'armée de terre, vient le moment des récompenses. Le capitaine Laurent et le lieutenant Romain, parmi d'autres, sont décorés de la croix de la Valeur militaire avec étoile vermeille. Leur visage n'exprime aucune joie. Nous éprouvons tous le même sentiment : la perte de nos camarades et les blessures de nos frères d'armes pèsent lourd sur nos cœurs. Chacun, en son for intérieur, pense à ceux qui ne sont plus. Devant les bâtiments de notre compagnie, nous avons prévu d'ériger deux stèles en l'honneur de Lolo et Polak. Je prends aujourd'hui toute la mesure du devoir de mémoire. Avec les lieutenants Jean et Louis-Marie, je présente mes félicitations au capitaine Laurent. Il nous remercie sans parvenir à sourire. La décoration qu'on lui accorde le laisse indifférent. Cette médaille ne lui rendra jamais son adjoint, Lorenzo, et son caporal Jean-Nicolas.

Sur la place Agricola, je reconnais les parents de plusieurs de mes marsouins. Ma famille, quant à elle, n'a pas eu le cœur d'assister à la dissolution. Elle ne s'est pas encore remise de cette longue attente.

L'expérience afghane a laissé en moi des blessures indélébiles, mais elle a aussi renforcé les fondements de mon engagement. Le sens profond du pacte qui nous unit s'est dévoilé dans les vallées touraniennes : une confiance absolue entre les hommes, l'esprit collectif poussé jusqu'à sa dernière extrémité. Avec l'amour, il s'agit à mon sens du lien humain le plus fort qui soit. A travers le football, les associations étudiantes ou le commandement, c'est l'intensité de cette relation que j'ai toujours recherchée. Le groupe peut compter sur moi, et je sais que je peux compter sur lui. J'aborde désormais l'avenir avec la certitude d'avoir découvert ma véritable voie. L'armée me donne à nouveau la chance de former des jeunes : les six prochains mois, je vais être détaché au Centre de formation initiale des militaires du rang (CFIM), dont la devise est :

« Oser l'effort par l'engagement. » L'automne prochain, je serai de retour à la 4e compagnie pour participer à une projection en Afrique. Au sein des Forces françaises au Gabon (FFG), ma section se tiendra prête à soutenir des opérations dans cette partie du monde. Par la suite, en 2012, je serai sans doute muté dans les DOM-TOM ou en Afrique pendant deux ans. Là-bas, je ne commanderai plus Vert 3, mais j'espère que Maguelone, elle, sera à mes côtés.

ANNEXES

Présentation du GTIA de Kapisa
mandat été 2010

Le Groupement tactique interarmes (GTIA) de la province de Kapisa porte le nom de Task Force HERMÈS.

Hermès est le dieu messager romain et le symbole de la ville de Fréjus où sont basés les marsouins du 21e RIMa. L'ossature de la Task Force HERMÈS est issue du 21e RIMa. Quelque 500 marsouins du 21e RIMa sont présents en Kapisa. La grande majorité des renforts spécialisés du GTIA est issue de la 6e brigade légère blindée (6e BLB) stationnée à Nîmes. Le 3e régiment d'artillerie de marine (3e RAMa) de Canjuers fournit les appuis feu dans la profondeur, le 1er régiment étranger du génie (1er REC) basé à Laudun fournit l'appui génie et le 1er régiment étranger de cavalerie (1er REC) à Orange fournit l'appui blindé.

Quatre unités du 21e RIMa sont présentes sur le théâtre afghan. La 1re compagnie de combat surnommée « Les Rapaces » (SGTIA A), la compagnie de commandement et de logistique dite « Les Grands Blancs » sont stationnées sur la FOB de Nijrab. La 2e compagnie de combat « Les Loups » (SGTIA B) et la 4e compagnie de combat « Les Scorpions » (SGTIA C) sont stationnées sur la FOB de Tagab. Celles-ci ont intégré dans leurs rangs des marsouins de toutes les compagnies du régiment : de la 3e compagnie de combat « Les Panthères », de la compagnie d'éclairage et d'appui « Les Diables ».

Les deux unités de combat de Tagab sont renforcées par une section génie (1er REG) et une section appui mortier/caesar. Le SGTIA B est composé d'une section de commandement, de trois sections d'infanterie (21e RIMa), d'un demi-peloton blindé sur AMX 10 RC (1er REC), d'une équipe d'observation et de coordination (3e RAMa). Le SGTIA C est composé d'une section de commandement, de trois sections d'infanterie (21e RIMa), d'un peloton d'appui direct – PAD – (1er REC), d'une équipe d'observation et de coordination (3e RAMa).

PRÉSENTATION DU GTIA

L'unité de combat de Nijrab est composée d'une section de commandement, de trois sections d'infanterie, d'une section d'infanterie sur VBCI (35e RI), d'une section appui mortier, d'une section génie, d'un PAD et d'un équipage sur 10 RC.

L'Etat major tactique (EMT) de la Task Force HERMÈS est composé en grande majorité de personnels provenant du 21e RIMa et de la 6e BLB et renforcé d'un détachement du commando parachutiste de l'air 30 (CPA 30), d'un détachement du Groupement interarmées des actions civilo-militaires (GIACM) de Lyon, d'un détachement technique d'assistance électronique du 54e Régiment de transmissions de Lunéville, et enfin, d'un détachement Systèmes d'information et de communication (SIC) issu de plusieurs régiments de transmissions.

La Task Force HERMÈS est commandée par le colonel Michel de Mesmay, chef de corps du 21e RIMa.

Chaîne de commandement

Unité :	*Commandée par :*	Grade :
Régiment – 1 000 personnels	*Chef de corps*	Colonel
Compagnie – 150 personnels	*Commandant d'unité*	Capitaine
Section – 30 personnels	*Chef de section*	Lieutenant (ou Adjudant)
Groupe – 9 personnels	*Chef de groupe*	Sergent (ou Sergent-chef ou Caporal-chef)
Equipe – 3 personnels	*Chef d'équipe*	Caporal (ou Caporal-chef)

Tableau simplifié des grades

OFFICIERS

Général
Colonel
Lieutenant-colonel
Commandant
Capitaine
Lieutenant
Sous-lieutenant
Aspirant

SOUS-OFFICIERS

Major
Adjudant-chef
Adjudant
Sergent-chef
Sergent

MILITAIRES DU RANG

Caporal-chef
Caporal
1re classe (distinction reçue après six mois de service)
Soldat, marsouin

Glossaire

ANA : Afghan National Army (Armée nationale afghane).
ANP : Afghan National Police (Police nationale afghane).
BAB : Bouchons anti-bruit.
CEMAT : Chef d'état-major de l'armée de terre.
Chef d'équipe : Caporal ou caporal-chef commandant deux grenadiers-voltigeurs dans un groupe d'infanterie.
Chef de groupe : Sergent, sergent-chef ou caporal-chef commandant huit personnels dans un groupe d'infanterie.
CHICOM : Roquette tirée d'une rampe artisanale.
Chouffer : Terme dérivé de l'arabe désignant « regarder ».
CIRFA : Centre d'information et de recrutement des forces armées.
Compagnie : Unité militaire composée d'environ cent quarante hommes, généralement commandée par un capitaine et divisée en sections.
COP : Combat Outpost (Poste de combat avancé).
CNEC : Centre national d'entraînement commando.
Dari : Persan littéraire qui fait office de langue administrative en Afghanistan.
FOB : Forward Operating Base (Base opérationnelle avancée).
Green zone : Littéralement « zone verte ». Dans la vallée de Tagab, elle désigne une zone particulièrement marquée par un masque de végétation permettant aux insurgés de se déplacer à couvert.

Grenadier-voltigeur : C'est le premier poste du combattant. Il s'agit en général d'un marsouin 1re classe ou d'un jeune caporal.

GTIA : Groupement tactique interarmes. Dispositif militaire composé de diverses spécialités créé pour une mission spécifique. Il est composé de sous-GTIA (SGTIA).

IED : Improvised Explosive Device (Engin explosif improvisé). Ces bombes artisanales posées par les insurgés sont responsables en Afghanistan de deux tiers des pertes de la coalition et de trois quarts des pertes civiles.

Identification positive : Terme indiquant l'identification d'une personne hostile et armée.

Insurgés : Terme utilisé par la force de l'OTAN pour désigner un ensemble hétéroclite (djihadistes internationaux ; talibans ; et Afghans prenant ponctuellement les armes contre la coalition).

ISAF : International Security and Assistance Force (Force internationale d'assistance et de sécurité). Force militaire de la coalition, elle est déployée en Afghanistan depuis 2001, et sous commandement de l'OTAN depuis 2003. Plus de quarante pays participent à cette force.

JTAC : Joint Tactical Air Controller. Militaire chargé de guider les appuis, c'est-à-dire les tirs d'avions, d'hélicoptères ou d'artillerie au profit des troupes engagées au sol.

Kandak : Bataillon de l'Armée nationale afghane.

LGI : Lance-grenade individuel.

Madrasa (ou médersa) : Terme arabe désignant une école.

Malek : Roi en arabe. En Afghanistan, ce terme désigne un responsable de communauté.

Marsouin : Nom donné dans l'armée aux soldats de l'infanterie de marine.

Milan : Missile d'infanterie léger antichar d'une portée de 1 900 mètres.

Mission brief : Réunion qui précède et organise une opération.

OMLT : Operational Mentoring & Liaison Team. Unité de la coalition chargée du conseil et de la formation de l'Armée nationale afghane (ANA). Ces équipes sont insérées dans les unités de l'ANA. Elles vivent à leurs côtés et participent à toutes leurs missions.

OSC : Officier sous contrat, par opposition à officier de carrière.

OTAN : Organisation du Traité de l'Atlantique Nord.

Pachtounwâli : Droit coutumier des tribus pachtounes.

Placer : Gisement de minerais précieux dans des sédiments alluviaux.

POMLT : Police Operational Mentoring & Liaison Team, unité de la coalition chargée du conseil et de la formation de la Police nationale afghane (ANP).

Popote (salle) : Lieu de détente doté d'un réfrigérateur, d'une cafetière, de tables ou encore de canapés. On s'y retrouve pour se désaltérer et grignoter.

QRF : Quick Reaction Force (Force d'intervention rapide).

RCIR : Ration de combat individuelle réchauffable.

RPG : Lance-roquette portatif antichar ou antipersonnel.

Sapeur : Militaire spécialiste des techniques de génie et de leur mise en œuvre dans des conditions de combat.

SAED : Section d'aide à l'engagement débarqué.

Shalwar kemis : Tenue traditionnelle pachtoune, également portée en Iran et chez les Baloutches du Pakistan.

Section : Unité militaire, composée en France d'environ trente soldats ; sous-division de la compagnie.

SEO : Section environnement opérationnel, notamment en charge des actions civilo-militaires.

SGTIA : Le sous-groupement tactique interarmes est l'unité de base du combat interarmes. Aux ordres d'un chef unique, il est constitué d'une composante infanterie ou cavalerie blindée et peut intégrer des éléments d'appui et de soutien. Il est destiné à manœuvrer au sein d'un GTIA de façon autonome pour une durée déterminée.

SOA : Sous-officier adjoint, le « numéro 2 » au sein d'une section.

Taliban : Mouvement islamique fondamentaliste qui s'est répandu au Pakistan et en Afghanistan à partir de 1994.

TIC : Troops in Contact (Troupes au contact). Permet de signaler que les troupes sont prises à partie.

TOC : Tactical Operations Center (Centre d'opérations tactiques). L'équivalent du poste de commandement en français.

Trigger : Terme anglais signifiant « détente » ou « gâchette ». Dans le domaine militaire, il désigne l'individu chargé de déclencher un IED à distance.

VAB : Véhicule de l'avant blindé.

VBCI : Véhicule blindé de combat d'infanterie.

VBHM : Véhicule blindé à haute mobilité.

Wadi : Terme arabe qui désigne traditionnellement une vallée ou un cours d'eau asséché par intermittence.

Zone-vie : Lieu où se retrouvent les miliaires pour discuter et se détendre. La salle popote est située au sein de la zone-vie.

Remerciements

A tous mes hommes qui m'ont tant donné.

A tous mes chefs qui m'ont tant appris.

A toute ma famille qui m'a tant épaulé.

A mes amis que j'aimerais tant voir plus souvent.

A ma cousine Nicole et à mon ami d'enfance Thierry qui ont été les premiers conseillers durant l'écriture.

A tous ceux qui ont cru en ce projet : le colonel BURKHARD, le colonel DE MESMAY, le colonel STEIGER, le chef de bataillon DICKES, le capitaine ALBOUY, le lieutenant de vaisseau BERTHELLET, la lieutenant FÉROUZE, ainsi que Charline BOURGEOIS-TACQUET, Manuel CARCASSONNE, Hugues DEWAVRIN et Olivier NORA.

A Maguelone et Anaïs qui nous ont encouragés et ont accepté nos longues absences, nos mois consacrés à l'écriture.

Enfin, je tiens à remercier tout particulièrement Alexandre KAUFFMANN. Cet écrivain a relevé un défi unique : intégrer une section au combat en Afghanistan, assimiler le vocabulaire militaire, le comportement et les spécificités inhérentes à ce métier.

Surtout, il m'a fait découvrir que l'aventure humaine est aussi dans l'écriture.

*

Alexandre Kauffmann tient à remercier Olivier FRÉBOURG, Marie-Christine BERTHELLET, Bertrand BONNEAU et Thierry BURKHARD pour avoir soutenu ce projet. Merci enfin à Nicolas BARTHE et à tous les membres de la section Vert 3, qui m'ont généreusement accueilli à Tagab, malgré les tensions auxquelles ils étaient soumis.

Terre Fraternité

Les bénéfices que je retirerai des ventes de ce livre seront reversés à l'association « Terre Fraternité ». Cette dernière a pour but l'aide aux blessés en service de l'armée de terre, à leurs familles et à leurs ayants droit, ainsi qu'à ceux des militaires de l'armée de terre morts ou disparus en service, sous la forme principalement de secours financiers. Elle peut également concourir à l'amélioration du moral et de la condition matérielle des personnels de l'armée de terre et de leurs familles.

Cette assistance peut être apportée sur le moment même lorsqu'il faut, dans l'urgence, permettre aux proches de rejoindre celui ou celle qui a été blessé(e) et d'être hébergés à proximité. Elle est aussi apportée aux familles dans le cas d'un décès. « Terre Fraternité » agit alors en complément de la Cellule d'aide aux blessés de l'armée de terre (CABAT).

L'association est composée uniquement de bénévoles. Elle ne fonctionne que grâce aux dons ou aux partenariats qu'elle a conclus avec des organismes ou donateurs divers.

Elle ne reçoit et ne réclame aucune subvention publique. Ses frais de fonctionnement sont extrêmement réduits.

Elle dispose d'un conseil d'administration et a des correspondants dans les formations de l'armée de terre qu'elle réunit chaque année au cours de son assemblée générale.

L'association est déclarée en préfecture.

Les courriers et les dons peuvent lui être adressés à l'adresse suivante :

Association « Terre Fraternité »
Hôtel national des Invalides
129 rue de Grenelle
75007 Paris

Les chèques qui lui sont destinés sont à libeller à l'ordre de « Terre Fraternité ».

Pour les donateurs qui souhaitent bénéficier d'une réduction d'impôt dans les conditions prévues par le code général des impôts, les chèques sont alors à libeller à l'ordre de « ADO » et à transmettre à cette même adresse.

Les dons en ligne sont possibles sur le site de l'association : www.terre-fraternite.fr

TABLE

ANNEXES

Composé par Nord Compo Multimédia
7, rue de Fives, 59650 Villeneuve-d'Ascq

CET OUVRAGE
A ÉTÉ ACHEVÉ D'IMPRIMER
SUR ROTO-PAGE
PAR L'IMPRIMERIE FLOCH
À MAYENNE EN AVRIL 2011

N° d'édition : 16695 – N° d'impression : 79537
Dépôt légal : avril 2011
Imprimé en France